PRAXIS

 alles im Überblick

34   Pflanzen und Pflegen

 alles Wissenswerte

36   Die Gräserpflege
38   Rückschnitt & Vermehrung
40   Das Bambus 1 x 1
42   Topfgarten-Basics

 alle Extras

44   Insektenhotel bauen mit Bambus
      FÜR KIDS

PORTRÄTS

 alles im Überblick

48   Dekorativ & pflegeleicht

 alles Wissenswerte

50   Reitgras und Pampasgras
52   Seggen – anspruchslos im Schatten
54   Schwingel – hübsche Polstergräser
56   Japan-Berggras und Blutgras
58   Chinaschilf – imposant in Blatt und Blüte
60   Pfeifengras – zauberhaft im Herbst
62   Rutenhirse – dekorative Sonnenanbeter
64   Lampenputzergras – langer Blütenzauber
66   Federgras – elegant im Beet
68   Schirmbambus – immergrün im Halbschatten
70   Flachrohr-Bambus mit schmucken Halmen
72   Zwergbambus – immergrüne Bodendecker
74   Bambus – *Pseudosasa* und *Sasa*

76   Nützliche Adressen
77   Register

für jeden Standort

GESTALTUNG

GRÄSERINSPIRATIONEN

S. 8 & 10

Vielfalt pur

Die Gartengestaltung mit Gräsern und Bambus ist vielfältig. Die tollen Pflanzen-Charaktere passen in **bunte Sommerbeete** ebenso wie in die reduzierte **Klarheit formaler Gärten**.

S. 16

Mobil in Topf & Kübel

Topfgärten mit Gräsern und Bambus lassen sich immer wieder neu arrangieren und gestalten. So entstehen über das Jahr viele **reizvolle Kompositionen**. Während Riesengräser und Bambus in großen Kübeln viel Raum beanspruchen, finden robuste Zwergsorten in kleinen Töpfen auf jedem Balkon ihren Platz.

S. 20

Gut abgeschirmt

Bambuspflanzen bieten mit ihrem dichten, immergrünen Laub wirksamen und **stilvollen Sichtschutz**. Ihre biegsame Lebendigkeit macht sie zu einem wertvollen Gestaltungselement für Sitzplätze. Doch auch unter den hochwachsenden, sommergrünen Gräsern finden sich ideale Sichtschutzpflanzen – ganz besonders für kleinere Gärten.

S. 22

Schattenplätze

Selbst für schwierige Gartensituationen unter Bäumen oder im Schatten von Gebäuden gibt es **die passenden Lösungen** aus der Gräserwelt – beispielsweise als immergrüner, bodendeckender Gräserteppich oder als blickdichter Bambussichtschutz.

S. 24

Natur zum Vorbild

Manchmal ist die Natur der beste Ideengeber. So dienen die weiten Graslandschaften Nordamerikas als Vorbild für die **Gestaltung von Präriebeeten** und -gärten. Bei **Steingärten** orientiert man sich an Gebirgslandschaften mit Steinen, Kies und niedrigem Bewuchs.

S. 28

Fernöstliche Klarheit

Weniger ist mehr – mit ihrer Reduktion auf das Wesentliche strahlen asiatische Gärten eine große Ruhe und Klarheit aus. Die Pflanzenauswahl erfolgt hier sparsam und gezielt. Bambuspflanzen sind dabei die Idealbesetzung. Doch auch bodendeckende Gräser spielen bei der ruhigen und zurückhaltenden Gestaltung von Flächen eine große Rolle.

Gräser
FASZINIERENDE VIELFALT

WER SICH GRÄSER IN DEN GARTEN HOLEN MÖCHTE, kann auf eine große Vielfalt zurückgreifen. Denn überall begegnet uns dieser einzigartige Weltenbürger: von den großflächigen Savannen und Prärien Nordamerikas, über das Weideland Europas, den Tundren und Steppen Asiens bis zu den riesigen Grasflächen Australiens, von der Wüste über die Gebirge bis zum Strand. Als Reis, Weizen, Roggen, Mais, Hirse und Zuckerrohr finden sich die Gräser sogar regelmäßig auf unserem Speiseplan.

Die Gräser-Familie

Botanisch gehören alle Gräser zu den einkeimblättrigen Pflanzen (Pflanzen, die bei der Keimung nur ein Blatt anlegen und parallelnervige Laubblätter aufweisen). Hier bilden sie die drei Familien: Süßgräser (*Poaceae*), Sauergräser (*Cyperaceae*) und Binsengewächse (*Juncaceae*). **Süßgräser** Die Familie der Süßgräser stellt mit über 10.000 Arten die größte und wichtigste Gruppe dar. Süßgräser kommen weltweit in allen Klimaten vor und besitzen knotenartige Verdickungen an den meist hohlen Halmen mit rundem Querschnitt. Als Blütenstände bilden sie Rispen, Trauben oder Ähren. Zu den Süßgräsern gehören weltweit wichtige Nutzpflanzen wie Weizen, Roggen, Gerste, Hafer, Mais und Zucker-

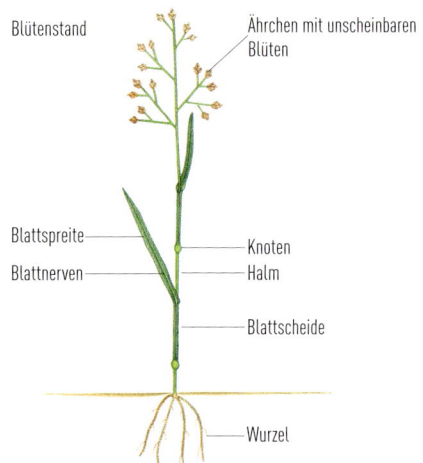

Obwohl Süßgräser recht unterschiedlich aussehen können, besitzen sie alle denselben Grundaufbau.

rohr. Fast alle in unseren Gärten verbreiteten Ziergräser, wie Chinaschilf (*Miscanthus*), Pampasgras (*Cortaderia*) und Federgras (*Stipa*), stammen aus dieser Familie. Auch alle Bambus-Arten gehören zu den Süßgräsern.
Sauergräser Mit etwa 9.000 Arten bilden die Sauergräser die zweitgrößte Gruppe. Sauergräser wachsen überwiegend auf feuchten, moorigen Flächen. Ihre Halme sind dreikantig und mit Mark gefüllt. Bekannte Ziergräser sind die Seggen (*Carex*) und das Wollgras (*Eriophorum*).

Blickpunkte Zwei große *Miscanthus*-Gräser strukturieren das in leuchtenden Rottönen gestaltete Blumenbeet mit Canna und Dahlien.

Binsengewächse Die vergleichsweise kleine Familie der Binsengewächse umfasst etwa 300 Arten in acht Gattungen. Sie besiedeln vorwiegend feuchte Standorte der gemäßigten und kalten Klimazonen. Unter den Ziergräsern gehören die Gattungen Hainsimse (*Luzula*) und die Binse (*Juncus*) zu dieser Familie. Die erste zeichnet sich durch grasartig flache und oft behaarte Blätter aus. Die zweite besitzt die typischen Binsenblätter: hohle oder markerfüllte, halmartige Blätter mit rundem Querschnitt.

Bezaubernd durch Form und Farbe

Für die Gartengestaltung bieten Gräser vielfältige Möglichkeiten. Ihre Leichtigkeit und Transparenz dienen als verbindende Elemente zwischen Stauden und Gehölzen. Viele Arten bewegen sich schon beim kleinsten Windhauch und schaffen so eine große Lebendigkeit.

Die Vielfalt der Wuchsformen reicht von bodendeckenden Zwergen mit kaum 10 cm Wuchshöhe bis zu Giganten mit über 400 cm. Neben straff aufrecht wachsenden Gräsern gibt es auch trichterförmige und elegant bogig überhängende Arten. Die Blätter präsentieren sich in allen erdenklichen Grünschattierungen. Damit ist die Farbpalette jedoch noch längst nicht ausgeschöpft. Neben graublauen und stahlblauen Sorten gibt es ein breites Spektrum an roten und kupferroten Farbtönen. Nicht zu vergessen die vielen weiß, cremegelb oder leuchtend gelb gestreiften und gebänderten Sorten.

Gräserblüten sind immer aus vielen Einzelblüten zusammengesetzt. Ihr Zauber erschließt sich oft erst auf den zweiten Blick. Die Vielfalt an Formen und Farben begeistert ebenso wie die zarte Transparenz und die seidige Textur vieler Blüten. Schließlich ist für (fast) jeden Standort das passende Gras gewachsen. Zudem sind Gräser trotz ihrer zarten Erscheinung erstaunlich vital und robust.

BUNTE RABATTEN
UND *Beete*

FÜR BLÜHENDE STAUDEN UND SOMMERBLUMEN sind Gräser die idealen Begleiter. Ihre filigranen, seidigen Blütenstände umspielen die kräftigen Farben der Blumen und geben ihnen einen Rahmen. So schaffen sie eine lebendige Verbindung zwischen den Blüten.

Perfekte Kombination in Form, Höhenstaffelung und Farbe: Purpurglöckchen, Blutgras und Sonnenauge

Bunte Beete und Rabatten lassen sich auch in kleinen Gärten gut verwirklichen. Schon auf einer Fläche von wenigen Quadratmetern fangen sie die fröhliche Leichtigkeit des Sommers ein, locken Bienen, Hummeln und Schmetterlinge an und dienen als Fundgrube für natürliche Sommersträuße.

Voraussetzung ist ein möglichst sonniger Standort und ein durchlässiger, nicht zu nährstoffarmer Gartenboden. Magere Sandböden sollten vor der Pflanzung durch Zugabe von Kompost verbessert werden.

Lange Sommerfreuden

Mit Kombinationen aus robusten Stauden und vitalen Staudengräsern (mehrjährige Gräser) lassen sich in kurzer Zeit üppige und langlebige Beete und Rabatten gestalten. Meine persönlichen Favoriten unter den Stauden sind: Roter Sonnenhut (*Echinacea purpurea*), Sonnenbraut (*Helenium* in Sorten), Ziersalbei (*Salvia nemorosa*

 **EIN BEET IM JAHRESVERLAUF** Verfolgen Sie das Anlegen eines bunten Gräserbeetes vom Anpflanzen bis zum Anwachsen hier oder unter www.m.kosmos.de/14247/tb2

Die Leuchtkraft des Staudenbeetes mit Sonnenauge und *Carex* wird durch den Schieferbelag des Weges noch verstärkt.

Flauschige Blütenstände des Lampenputzergrases bereichern ein buntes, üppiges Sommerbeet.

in Sorten), Sonnenhut (*Rudbeckia fulgida* var. *sullivantii* 'Goldsturm'), Witwenblume (*Scabiosa columbaria* 'Butterfly Blue') und Hoher Sommer-Phlox (*Phlox paniculata* in Sorten). Sie zeichnen sich durch eine lange Blühdauer, leuchtende Sommerfarben und eine große Attraktivität für Insekten aus.

Perfekte Gräserpartner für diese Stauden sind: Diamant-Reitgras (*Calamagrostis brachytricha*), Chinaschilf (*Miscanthus sinensis* in Sorten), Rutenhirse (*Panicum virgatum* in Sorten), Lampenputzergras (*Pennisetum* in Arten und Sorten) und Federgras (*Stipa* in Arten und Sorten). Die Pflanzung erfolgt am besten im Frühjahr. Haben sich solche Beete erst einmal entwickelt, sind sie dauerhaft und relativ pflegeleicht. Durch die lange Blütezeit bieten sie von Anfang Juni bis in den Herbst hinein einen zauberhaften Anblick. Ab September sorgt die Herbstfärbung der Gräser für neue Highlights. Zauberhafte Winterbilder entstehen durch Schnee und Raureif auf den Gräserhorsten und -blüten und den Samenständen der Stauden. Daher sollte ihr Rückschnitt auch erst im März erfolgen.

Attraktiv mit Einjährigen

Einjährige Gräser und Sommerblumen erfordern etwas mehr Arbeitsaufwand, da sie in jedem Frühjahr neu gesät bzw. gepflanzt werden müssen. Es gibt jedoch so schöne Arten, dass sich der Arbeitsaufwand lohnt. Unter den einjährigen Gräsern sind die folgenden sehr empfehlenswert: Die Mähnen-Gerste (*Hordeum jubatum*) zeigt ihre seidigen, silberweißen Blütenstände von Juni bis Oktober. *Pennisetum setaceum* 'Rubrum' bildet flauschige, leicht überhängende Blütenwalzen und blüht sehr reich. Einen farblichen Knalleffekt bietet *Pennisetum setaceum* 'Fireworks' – leuchtend bunte Blätter in Rot-, Gelb- und Grüntönen sowie die typischen walzenförmigen Blütenstände.

Ideale Partner unter den Sommerblumen sind Rauer Sonnenhut (*Rudbeckia hirta*), Dahlien, Spinnenblume (*Cleome*), Hohe Verbene (*Verbena bonariensis*), Kosmee (*Cosmos bipinnatus*) und einjähriger Ziersalbei (*Salvia coccinea*). Ihre Blüten sind nicht nur schön, sondern locken auch Bienen, Hummeln und Schmetterlinge an. ◼

KLARE
Strukturen

FÜR FORMALE GÄRTEN mit ihren geometrischen Strukturen und ihre auf wenige Arten beschränkten Bepflanzung sind Gräser und Bambus geradezu ideale Gestaltungselemente. Mit ihrem klaren, vertikalen Habitus nehmen sie die Formensprache moderner Gebäude auf. Gleichzeitig bringen sie mit ihrer Biegsamkeit und der Beweglichkeit von Halmen, Blättern und Blüten auch Lebendigkeit in die Gestaltung. Schließlich lassen sich formale Gärten problemlos auch auf kleinen Grundstücken umsetzen und können mit relativ wenig Zeitaufwand in Schuss gehalten werden.

Konsequent und immergrün wurde dieser Vorgarten mit Bambus und Kirschlorbeer modern gestaltet.

Bambus für Sichtschutz

Alle Arten und Sorten des Flachrohr-Bambus (*Phyllostachys*) sind ideale Partner zu moderner Architektur. Sie sind immergrün und bieten auch im Winterhalbjahr einen schönen Anblick. Der Schmuckwert von *Phyllostachys* besteht neben dem frischgrünen Laub in seinen dicken, glänzenden Halmen. Diese können sehr unterschiedlich gefärbt sein – von Grün über Gelb bis hin zu rötlichen, olivbraunen und schwarzen Tönen. Mit seiner dichten Belaubung ist der Flachrohr-Bambus ein exzellenter Sichtschutz für sonnige und halbschattige Plätze. Einzeln gepflanzte Exemplare bilden auffällige vertikale Strukturen und können beispielsweise im Eingangsbereich zusammen mit Kiesflächen und größeren Steinen ihren Platz finden.

Die Arten und Sorten des Schirmbambus (*Fargesia*) wachsen horstbildend und erreichen Höhen zwischen 250 und 400 cm. Sie gedeihen an sonnigen bis halbschattigen Standorten. Es gibt eine große Auswahl wertvoller Züchtungen, die sich bezüglich Wuchs, Laub sowie Stärke und Färbung der Halme unterscheiden. Sehr empfehlenswert ist *Fargesia nitida* 'Jiuzhaigou'. *Fargesia murielae* 'Standing Stone' besticht durch seine dicken Halme mit dekorativen, weißen Wachsablagerungen und dem großen, frischgrünen Laub. Alle

Schirmbambus-Arten sind mit ihrem dichten Wuchs und dem immergrünen Laub gute Sichtschutzpflanzen für formale Gärten. Da sie im Wachstum etwas zahmer sind als die *Phyllostachys*-Arten, lassen sie sich auch problemlos in großen Gefäßen kultivieren. In schlichten, geometrisch gestalteten Pflanzgefäßen (passend zur klaren Formsprache moderner Architektur) bereichern sie Eingangsbereiche, Terrassen und Sitzplätze.

Edle Teppiche und vertikale Hingucker

Staudengräser (mehrjährige Gräser) können in formalen Gärten entweder als vertikale Strukturen und Blickpunkte oder als flächige Bepflanzung eingesetzt werden.

Mit seiner straff aufrechten Wuchsform eignet sich das Garten-Reitgras, *Calamagrostis* x *acutiflora* 'Karl Foerster', gut als vertikales Ausrufezeichen. Man pflanzt es am besten wiederholt in kleinen Reihen oder auch als mittelhohes Sichtschutzelement. Es besticht durch seine aufrechten Blütenähren und die weizengelbe Herbstfärbung. Die Bläuliche Rutenhirse *Panicum virgatum* 'Heavy Metal' lässt sich ebenfalls gut als vertikales Gestaltungselement verwenden. Das metallisch blaugrüne, schmale Laub wirkt elegant und kühl. Zur flächigen Pflanzung sind viele Seggen-Arten und -Sorten (*Carex*) ideal. Sie sind robust, immergrün und bilden innerhalb kurzer Zeit dichte Gräserteppiche. Für eine flächige Blütenwirkung sind Lampenputzergräser (*Pennisetum*) und Federgräser (*Stipa*) gut geeignet. Spektakuläre Farbflächen erzielt man mit dem Blutgras oder mit der Purpur-Rutenhirse, *Panicum virgatum* 'Shenandoah'. ■

Vielfalt in Farbe und Form Die graublauen Horste des Blau-Schwingels mit ihren nadelfeinen Blättern wirken kühl und klar (oben). Das Blutgras setzt mit seinem leuchtenden Rot auch in der Fläche tolle Akzente (Mitte), während das Gelblaubige Japan-Berggras elegant bogig überhängt (unten).

Gräser-Highlights
BLÜTEN UND BLÄTTER

BLATT- UND BLÜTENZAUBER Die große Familie der Gräser bietet eine fast unüberschaubare Vielfalt an Formen, Wuchshöhen und Strukturen. Die Farbe der Blätter beeindruckt mit ihrer großen Bandbreite, ab Sommer werden die filigranen Blütenstände der Gräser zum Hingucker.

Blau wie das Meer

Viele Gräserarten und -sorten weisen eine erstaunliche Farbenvielfalt auf, die sich in der Gartengestaltung gezielt einsetzen lässt. So wir-

Bodendeckende Farbharmonie mit den Polstern des Blau-Schwingels und den rosafarbenen Blüten des Teppich-*Sedum*

ken blaugraue, blaugrüne und stahlblaue Gräser eher kühl und elegant. Sie lassen sich gut mit blau blühenden Stauden wie Lavendel zu ruhigen Ton-in-Tonpflanzungen kombinieren. Alle Gräser mit blauen und grauen Farbschattierungen bevorzugen vollsonnige Standorte. An schattigeren Plätzen mit zu geringer UV-Einstrahlung sind ihre Farben weniger intensiv. Am bekanntesten in diesem Farbspektrum sind sicher die Blau-Schwingel. Sie bilden dichte, kompakte Polster aus nadelfeinen Blättern und benötigen magere, durchlässige Böden. Auch der Blaustrahlhafer, *Helictotrichon sempervirens* 'Saphirsprudel', besitzt schönes, stahlblaues Laub. Mit seinen lockeren, filigranen Horsten ist er ideal für Steppenpflanzungen und Kiesgärten.

Feuriges Rot

Eine große Leuchtkraft entfalten Gräser mit rotem Laub. Hier ist an erster Stelle das Japanische Blutgras, *Imperata cylindrica* 'Red Baron' zu nen-

BOTANISCHE GÄRTEN Erleben Sie besondere Gräser- und Bambuswelten in ausgewählten Gärten! Infos & Adressen hier oder unter www.m.kosmos.de/14247/tb3

Lebhaftes Rot Wie Fontänen steigen die leuchtend roten Blätter des Blutgrases aus den weinroten Purpurglöckchen auf.

Zauberhafte Herbststimmung mit den leuchtenden Blättern und seidigen Blütenständen des Chinaschilfs

nen. Ab Juni zeigt es leuchtend rote Blattspitzen. Ab Anfang September präsentiert sich die gesamte Pflanze in einem intensiven Scharlachrot. Am besten wirkt das Blutgras, wenn es wiederholt gepflanzt wird, entweder in kleinen Gruppen eingestreut ins Staudenbeet oder als größere reine Gräserpflanzung.

Ab September zeigen viele Gräser eine spektakuläre Herbstfärbung in roten und orangefarbenen Tönen. Hier sind viele Sorten des Chinaschilfs, beispielsweise *Miscanthus sinensis* 'Ghana', 'Ferner Osten' und 'Malepartus', zu nennen. Auch etliche Sorten der Rutenhirse, wie *Panicum virgatum* 'Shenandoah', bieten auffällige rote Farbtöne. Die bordeauxrote Farbe zeigt sich zuerst nur in den Spitzen, um später auf die ganze Pflanze überzugehen. Zusätzlich bildet diese Sorte ab Juli filigrane, rotbraune Blütenwolken. Zusammen mit Blütenstauden aus dem Gelb-, Orange- und Rotbereich lassen sich mit diesem Gras Spätsommerbeete mit warmer, leuchtender Ausstrahlung gestalten.

Leuchtfarben im Schatten

Die Blätter einiger Gräser beeindrucken mit cremeweißen oder leuchtend gelben Streifen. Hier sind viele Sorten der Segge, wie *Carex oshimensis* 'Evergold', zu nennen oder auch das auffällige Japan-Berggras (*Hakonechloa*). Da diese

Sorten problemlos im Halbschatten gedeihen, können sie gut zur optischen Aufhellung dunklerer Gartenpartien verwendet werden.

Faszinierende Blütenwolken

Neben der Farbe und der Struktur der Blätter warten auch die Gräserblüten mit einer großen Vielfalt auf – von den imposanten, riesigen Blütenständen des Pampasgrases bis zu den zarten Blütenwolken der Rutenhirse. Bei Gräserblüten lohnt sich das genaue Hingucken. Die Besonderheiten der feinen Strukturen eröffnen sich oft erst auf den zweiten Blick. Schön ist auch der seidig schimmernde Glanz und die Vielfalt der zarten Farben – vom silbrigen Weiß des Silber-Ährengrases über das Weizengelb des Garten-Reitgrases bis zu den rötlichen und braunroten Nuancen vieler Chinaschilf-Sorten.

Einfach zauberhaft wirkt es, wenn Gräserblüten sich sanft im Wind wiegen. Das lässt sich besonders gut bei den langen, seidigen Grannen der Federgräser (*Stipa*) und bei den flauschigen Blütenständen des Lampenputzergrases (*Pennisetum*) beobachten. Wer genügend Platz hat, pflanzt diese Gräser am besten in größeren Gruppen oder Flächen. Zauberhaft wirken sie auch in Kombination mit reichblühenden Stauden wie Ziersalbei, Sonnenhut, Mädchenauge und Katzenminze.

FÜR
Topf & Kübel

VIELE GRÄSER GEDEIHEN PROBLEMLOS IN GEFÄSSEN. So lassen sich Balkone, Terrassen und Innenhöfe in grüne Paradiese verwandeln. Aufgrund der großen Sortenvielfalt gibt es für jedes Fleckchen das passende Gras – gleichgültig, ob heiß und sonnig oder im tiefsten Schatten.

Topfgärten lassen sich mit ein paar Handgriffen immer wieder neu arrangieren und umgestalten. So können Gräser zur Blütezeit oder mit attraktiver Herbstfärbung in den Blickpunkt rücken.

Topfpflanzen-Kombinationen

Farbige Gefäße und buntlaubige Gräser lassen sich gut kombinieren. So wird das rotlaubige Blutgras (*Imperata cylindrica* 'Red Baron') oder das einjährige *Pennisetum setaceum* 'Fireworks' in einem dunkelroten oder schwarzen Topf zum unübersehbaren Hingucker.

Die mit Gräsern bepflanzten Tontöpfe machen die Spätsommer-Idylle aus Dahlien und Staudengräsern perfekt.

Perfekter Auftritt Mit farbig glasierten Steingutgefäßen werden Blau-Schwingel und *Hakonechloa* in Szene gesetzt.

In schmalen, hohen Töpfen sind überhängende Gräser besonders wirkungsvoll. Hier ist das Japanische Berggras, *Hakonechloa macra*, sehr empfehlenswert. Die Sorte 'Aureola' besitzt leuchtend gelbgrün gestreiftes Laub und kommt in farbig glasierten Steingutgefäßen besonders gut zur Geltung.

In kleinen Töpfen kommen niedrige Steingartengräser wie der Blau-Schwingel gut zurecht. Sie lieben vollsonnige Standorte und vertragen Trockenheit. Hübsche, kompakte Topfgräser für den Halbschatten und Schatten sind die verschiedenen *Carex*-Sorten. Hier ist die buntlaubige Japan-Gold-Segge, *Carex oshimensis* 'Evergold' sehr empfehlenswert – robust, dekorativ und immergrün. Kleine Topfgräser wirken in Gruppen besonders schön. Rustikale, unglasierte Tontöpfe passen gut zu ihrer natürlichen Ausstrahlung.

In glasierten, asiatischen Steingutgefäßen wirkt Bambus besonders edel. Hierbei kann die Farbe der Halme mit der Glasur abgestimmt werden. So werden die schwarzen Halme von *Phyllostachys nigra* in einem schwarzen oder dunkelroten Topf zu einem unübersehbaren Blickfang.

In Blumenkästen sind Gräser auch für Saisonpflanzen gute Partner. So lassen sich Blumenkästen mit einer Grundstruktur aus Stauden-

Natürliche Ausstrahlung im Tontopf Hier wurde das Japanische Blutgras in Serie an einem Treppenaufgang platziert.

gräsern bepflanzen. Je nach Jahreszeit können die Kästen mit blühenden Zwiebelblumen, Hornveilchen, Sommerblumen oder Heide ergänzt werden.

Allerdings sollten Sie sich bei der Anlage eines Topfgartens bewusst machen, dass Kübelpflanzen mehr Pflege benötigen als solche, die im Garten ausgepflanzt sind (siehe auch Seite 42 bis 43). Der entscheidende Punkt ist die Wasserversorgung. Hohe Gräser und Bambus mit viel Blattmasse verdunsten durch Sonne und Wind erhebliche Wassermengen. Daher kann es durchaus sein, dass sie an heißen Sommertagen täglich gegossen werden müssen. Eine Lösung können hier – neben netten Nachbarn, die bei Abwesenheit das Gießen übernehmen – große Kunststofftöpfe mit Wasserspeicher sein. Oder man beschränkt sich bei der Sortenauswahl auf solche Gräser, die von Natur aus an heißen, trockenen Standorten wachsen. Diese finden sich in den Gruppen der Steppen- und Steingartengräser. So kommen beispielsweise die Federgräser (*Stipa*) und viele Schwingel (*Festuca*) problemlos mit Trockenheit zurecht. ■

CHECKLISTE TOPF-WAHL

- Die Töpfe sollten im Stil und in der Größe zu den Pflanzen passen.
- Bei Bambus und stark wachsenden Gräsern wählen Sie die Größe am besten so, dass sie zumindest für zwei bis drei Jahre genügend Wurzelraum bietet.
- Ob Ton, Terrakotta, glasierte Steingutgefäße oder Kunststoff ist eine Frage des persönlichen Geschmacks und des Budgets.
- Empfehlenswert sind frostfeste Gefäße, die im Winter keinen Schaden nehmen.

Von bodendeckend
BIS HOCH HINAUS

DIE VIELFALT AN HÖHEN UND WUCHSFORMEN eröffnet einen großen Gestaltungsspielraum mit Gräsern und Bambus. Es gibt bodendeckende Zwerge, die kaum 10 cm Höhe erreichen und riesige Solitärgräser mit über 300 cm Wuchshöhe. Beim Bambus reicht das Spektrum vom Zwergbambus mit etwa 30 cm Höhe bis zum Riesen-Flachrohr-Bambus, der problemlos 8 bis 9 m erreichen kann. Auch die Wuchsform der Gräser kann sehr unterschiedlich sein. Es gibt Sorten mit straff aufrechtem Wuchs wie das Garten-Reitgras (*Calamagrostis* x *acutiflora* 'Karl Foerster'),

buschig wachsende Gräser mit leicht überhängendem Wuchs wie das Lampenputzergras und bogig überhängende Arten wie das Japan-Berggras.

Grasige Akzente am Boden

Bodendecker bilden mit der Zeit dichte, grüne Teppiche und wachsen Flächen komplett zu. Dadurch sind sie, wenn sie erst einmal dichte Bestände gebildet haben, sehr pflegeleicht. Zufliegende Samen haben es viel schwerer, in einem

Bodendecker in Perfektion Die Baumscheibe wurde mit dem Gelblaubigen Japan-Berggras formvollendet gestaltet.

In Einzelstellung wird Bambus zum unübersehbaren Hingucker. Planen Sie von Anfang an den Flächenbedarf ein.

dichten Gräserteppich zu keimen und zu wachsen, als in offenem Boden.

Für halbschattige und schattige Gartenbereiche bietet die große Gruppe der Seggen (*Carex*) viele bodendeckende und immergrüne Sorten. Diese sind zudem robust und vital, sodass sie auch mit schlechteren Standorten zurechtkommen.

Für sonnige bis halbschattige Lagen ist der bekannte Bärenfell-Schwingel ein exzellenter Bodendecker. Er wird nur 10 bis 15 cm hoch und überzieht den Boden mit einem dichten, igelartigen Polster. Da er immergrün ist, bildet er auch im Winter frischgrüne Farbflecken.

Die vielen Sorten des Blau-Schwingels lieben vollsonnige Standorte und magere, durchlässige Böden. Mit ihren kleinen, dichten Polstern in blaugrünen oder silberblauen Farbtönen lassen sich schöne Akzente setzen.

Zwergen-Teppiche mit Bambus

Wenig bekannt ist, dass auch Bambus bodendeckende Arten und Sorten bietet. Der kleinste Vertreter ist der Zwergbambus, *Pleioblastus pygmaeus*, der nur 20 bis 40 cm hoch wird. Mit seinen feinen Halmen und dem dichten Laub bildet er innerhalb kurzer Zeit dichte Bestände und wirkt auch im Winter dekorativ. Aber Achtung! Durch seine starke Ausläuferbildung wandert der Zwergbambus durch den ganzen Garten und macht auch an der Grenze zum Nachbarn nicht Halt. Bei der Pflanzung ist daher der Einbau einer Rhizomsperre unbedingt empfehlenswert. Großflächig eingesetzt, kommt der Zwergbambus besonders gut zur Geltung. Gestalterisch passt er ideal zu der ruhigen Klarheit asiatischer Gärten.

Schön strukturiert Wie große Fontänen steigen die Rutenhirsen mit ihren duftigen Blütenständen aus einem Meer von weiß- und blaublühenden Herbst-Astern empor.

Vertikale Ausrufezeichen

Mit straff aufrecht wachsenden Gräsern wie dem Garten-Reitgras und einigen Sorten der Rutenhirse lassen sich im Garten vertikale Ausrufezeichen setzen. Sie gliedern und strukturieren Staudenbeete und sind auch als Sichtschutz, beispielsweise an Terrassen, verwendbar. Die klare Wuchsform passt gut zu moderner Architektur. Große Solitärgräser wie Pampasgras und Chinaschilf bilden im Garten markante Blickpunkte. Das gilt natürlich auch für alle hochwachsenden Bambus-Arten aus der Gruppe der Fargesien und *Phyllostachys*. Planen Sie bei diesen Solitärpflanzen unbedingt den Platzbedarf in der Fläche mit ein. Viele werden im Laufe der Jahre buschig und ausladend. Um ihre ganze Wirkung entfalten zu können, brauchen sie ihren Freiraum. Besonders bei kleinen Gärten ist es wichtig, in Höhe und Breite passende Sorten auszuwählen.

Sichtschutz
IMMERGRÜN ODER BLÜHEND

JEDER GARTEN BENÖTIGT GESCHÜTZTE, von außen nicht einsehbare Räume. Mit Bambus stehen bei der Gartengestaltung wunderschöne, lebendige und immergrüne Sichtschutzelemente zur Verfügung. Einerseits bildet Bambus im Laufe der Jahre nahezu undurchdringliche, blickdichte Bestände. Andererseits wirkt er durch seine elegante, biegsame Struktur niemals starr oder abgrenzend. Dazu kommt das leise Rascheln der Bambusblätter im Wind … so wird Ihr Sitzplatz zu einer kleinen Wellness-Oase.

Edle Funktionalität *Phyllostachys* ist mit seiner klaren Wuchsform der perfekte Sichtschutz für formale Gärten.

Grüne Schirme

Ideal als Sichtschutz ist die Bambus-Gattung *Fargesia* (Schirmbambus). Alle *Fargesia*-Sorten sind immergrün und bilden keine Ausläufer. Sie wachsen horstbildend, was bedeutet, dass die Neutriebe ganz dicht an der Pflanze emporwachsen. So werden die Bambushorste im Laufe der Zeit im Durchmesser immer größer. Es besteht aber nicht (im Gegensatz zu *Phyllostachys*, *Sasa* und anderen Gruppen) die Gefahr, dass der Bambus durch Ausläufer quer durch den Garten wandert. Schirmbambus kann einzeln oder in kleinen Gruppen neben Terrassen und Sitzplätzen gepflanzt werden. Je nach Sorte erreichen die Pflanzen einen Durchmesser von 100 bis 300 cm. Durch Pflanzung in einer Reihe entstehen dichte, undurchdringliche Hecken.

Schnell im Schatten

Mit ihrem großen, dunkelgrünen Laub bieten die Arten des Breitblatt-Bambus (*Sasa* und *Pseudosasa*) einen perfekten, immergrünen Sichtschutz für halbschattige und schattige Gartenplätze. Je nach Sorte erreichen sie Wuchshöhen von bis zu 400 cm. Sie sind vital und robust und wachsen relativ schnell. Aufgrund des starken

Ein Platz zum Träumen und Relaxen, eingerahmt von zwei prächtigen, alten Chinaschilf-Exemplaren.

Ausbreitungsdrangs (Ausläuferbildung) sollte bei der Pflanzung unbedingt eine Rhizomsperre eingebaut werden. So wachsen die neuen Triebe innerhalb der Begrenzung und bilden schnell dichte Bestände.

Blickdichte Wände

Die Arten und Sorten des Flachrohr-Bambus (*Phyllostachys*) sind mit ihren dekorativen Halmen und den dicht stehenden, kleinen bis mittelgroßen Blättern besonders gut für lebendige, immergrüne Sichtschutzwände geeignet. Neben dem Einbau einer Rhizomsperre ist hier insbesondere die Wuchshöhe zu beachten. Sorten, die 6 bis 9 m erreichen, sind für kleinere Gärten nicht die richtige Wahl. Zwar lässt sich Bambus grundsätzlich schneiden, verliert dadurch aber

IM TREND Bambushecken bieten einen tollen Sichtschutz. Ob geschnitten oder ungeschnitten gestaltet. Lesen Sie hier oder unter www.m.kosmos.de/14247/tb4

viel von seiner grazilen Wuchsform und Leichtigkeit. Besser ist es, im Vorfeld passende Sorten mit entsprechender Wuchsstärke auszuwählen.

Dekorativ für Sitzplätze

Bei den Gräsern sind die vielen Sorten des Chinaschilfs (*Miscanthus sinensis*) ideale Gestaltungselemente für Sitzplätze. Mit Wuchshöhen von 120 bis 250 cm sind sie vielseitig einsetzbar. Sie können einzeln oder in kleinen Gruppen gepflanzt werden. In formalen Gärten werden sie häufig in geraden Reihen oder blockweise als Gestaltungselement eingesetzt. Auch an Teichufern und Wasserbecken macht das Chinaschilf eine gute Figur und hilft, geschützte Sitzplätze zu gestalten. Ab Sommer schmücken sie sich mit auffälligen, seidigen Blütenständen – je nach Sorte in Silbrig-weiß bis Dunkelrot. Zusätzlich zeichnen sie sich durch eine spektakuläre Herbstfärbung in gelben, orangefarbenen und roten Tönen aus. Da das Chinaschilf eine hohe Standfestigkeit besitzt, wirken die Gräserhorste auch noch im späten Herbst und Winter attraktiv. Der Rückschnitt sollte erst im März erfolgen. ■

Schatten-
SPIELE

SCHATTENPLÄTZE BIETEN mit der passenden Bepflanzung ebenso schöne Gestaltungsmöglichkeiten wie sonnige Stellen – auch wenn ich in meinem Bekanntenkreis oft höre, dass die Gestaltung schattiger Gartenpartien schwierig sei, da dort nichts so richtig wachse. Entscheidend ist die richtige Sortenwahl, bei der auch die Familie der Gräser und Bambus vieles zu bieten hat.

Wo Schatten ist ...

In der Natur finden sich schattige und halbschattige Standorte im Wald und am Waldrand. Diese Bedingungen lassen sich auf den Garten über-

Spiel mit Form und Farbe Eine harmonische Gestaltung aus buntlaubigen Gräsern, Funkien und Akelei für den Halbschatten

TIPP
Für halbschattige Standorte sind alle Bambus-Arten geeignet. Im vollen Schatten gedeihen viele Sorten des Breitblatt-Bambus (*Pseudosasa* und *Sasa*).

tragen. Meist ändert sich der Verlauf von Licht und Schatten im Laufe des Tages. Bekommen die Pflanzen noch einige Stunden direkte Sonne, spricht man von halbschattigen Standorten. Voller Schatten entsteht beispielsweise durch den Schattenwurf von Gebäuden oder durch sehr dichte, immergrüne Gehölzgruppen und Hecken. Im Gegensatz dazu sind vollsonnige Standorte den ganzen Tag der direkten Sonneneinstrahlung ausgesetzt. Daher sind sie besonders für Steppengräser geeignet (siehe auch Seite 36), die auch in der Natur auf freien Flächen ohne schattenspendende Bäume oder Sträucher wachsen.

Grüne Blatt-Kompositionen

In schattigen Gartenpartien ist der Blütenflor meist nicht so üppig. Hier bieten sich harmonische Gestaltungen mit Blattformen und Strukturen an. So lassen sich Gräser mit ihren schmalen Blättern und Halmen wirkungsvoll mit dem großflächigen Laub der Funkien (*Hosta*) kombinieren. Die filigranen, gefiederten Wedel der Farne passen ebenfalls gut dazu.

Ein Klassiker für den Schattengarten ist die Riesen-Segge (*Carex pendula*). Sie besitzt immergrünes, bogig überhängendes Laub und erreicht eine Höhe von 90 cm. Auch viele Arten der Schmiele (*Deschampsia*) fühlen sich im Schatten wohl. Das ist nicht verwunderlich, da es sich hierbei um ein heimisches Waldgras handelt. Inzwischen gibt es viele attraktive Sorten, die durch ihre filigranen, schleierartigen Blüten und die goldgelbe Herbstfärbung überzeugen.

Zarte, aufhellende Blatttöne

Neben der feinen Abstufung verschiedener Grüntöne bieten viele Gräser mit ihrem gelb oder weiß panaschierten Laub weitere Möglichkeiten der Farbgestaltung im Beet. Bei den Seggen sind hier beispielsweise *Carex morrowii* 'Variegata' und *Carex morrowii* var. *foliosissima* 'Silver Sceptre' mit cremeweißen Streifen zu nennen. *Carex oshimensis* 'Evergold' mit leuchtend gelbgrünen Blättern bildet dichte, bogig überhängende Polster.

Dekorativ und auffällig sind die Sorten des Japan-Berggrases mit ihrem breiten, weich überhängenden Laub. *Hakonechloa macra* 'Albostriata' besitzt elegante Blätter mit breiten, creme- und silbrig weißen Streifen. *Hakonechloa macra* 'Aureola' besticht durch leuchtend gelbe Streifen, einem rötlichen Austrieb sowie einer kupferroten Herbstfärbung. Alle Sorten des Japan-Berggrases gedeihen im Halbschatten und wirken besonders schön in Kombination mit Steinen oder in hohen Töpfen.

Unter den Bambus-Arten ist der Weißbunte Zwergbambus (*Pleioblastus shibuyanus* 'Tsuboi') gut zur Aufhellung halbschattiger Bereiche geeignet. Sein großes, frischgrünes Laub besticht durch breite, cremeweiße Streifen. Besonders der frische Austrieb ist auffällig und dekorativ. ■

Gelblaubige Gräser, wie *Carex elata* 'Aurea' in der Beetmitte, hellen schattige Gartenpartien wirkungsvoll auf.

Schön unterpflanzt wurde dieser Baum mit der weißblühenden Schnee-Marbel und dem Gelblaubigen Japan-Berggras.

Prärie NATÜRLICHE BLÜTENFÜLLE

BEIM PRÄRIEGARTEN WIRD DIE NATUR ZUM VORBILD. Er nimmt Bezug auf die weiten Graslandschaften Nordamerikas, die großflächig mit sommerblühenden Stauden und Gräsern bewachsen sind. Auf den Garten übertragen, entstehen großflächige, pflegeleichte Pflanzungen, die naturnah mit Gräsern und Stauden gestaltet werden. Naturgemäß entfalten Präriepflanzungen ihre beste Wirkung auf großen Flächen. Für die Anlage sollte daher eine Mindestfläche von 10 m²

zur Verfügung stehen. Je größer die Fläche ist, desto schöner und natürlicher wirkt diese Gestaltungsform.

Optimale Voraussetzungen

Wichtig ist ein möglichst vollsonniger Standort sowie ein durchlässiger, fruchtbarer Gartenboden. Ist ein Präriebeet erst einmal etabliert, erfordert es relativ wenig Pflegeaufwand. Bei der Neuan-

Natürliche Schönheit Ein flächig gestaltetes Präriebeet mit Federgras, Sonnenhut, Sonnenauge und Schafgarbe

Wiederholung erwünscht Am besten wirken Präriegärten, wenn wenige Arten in großer Stückzahl gepflanzt werden.

lage ist die Bodenvorbereitung entscheidend. Der Boden wird umgegraben und alle Wurzelunkräuter wie Giersch und Quecke werden sorgfältig entfernt. Bei mageren Sandböden fördert eine Zugabe von Kompost die Bodenfruchtbarkeit und somit das Wachstum der Stauden. Schwere Böden können durch Zugabe von Sand und Splitt wasserdurchlässiger gemacht werden. Der beste Pflanzzeitpunkt ist das Frühjahr.

Gezielte Stauden-Auswahl

Bei der Sortenauswahl ist es sinnvoll, sich auf wenige Stauden und Gräser zu beschränken, die in großer Stückzahl in Gruppen gepflanzt werden. Die Ausstrahlung eines Präriebeetes lebt von dieser flächigen Wirkung.
Auch die Farbauswahl sollte gezielt erfolgen. Besonders harmonisch wirkt eine Zusammenstellung warmer Farben in verschiedenen Gelb-, Orange-, Rot- und Brauntönen. Stauden in die-

llustre Gesellschaft im Sommerbeet aus leuchtenden Fackellilien (*Kniphofia*) und seidig schimmerndem Pampasgras

sem Farbspektrum sind Sonnenhut (*Rudbeckia*), Sonnenbraut (*Helenium*), Fackellilie (*Kniphofia*) und Mädchenauge (*Coreopsis*). Klassische Präriestauden aus dem rosaroten und purpurroten Spektrum sind der Dost (*Eupatorium fistulosum*), der Rote Sonnenhut (*Echinacea purpurea*), die Spornblume (*Centranthus ruber* 'Coccineus') und die Prachtscharte (*Liatris spicata*). Viele Präriestauden sind wahre Insektenmagneten.

Ideale Gräser

Klassische Gräser für den Präriegarten sind die Federgräser (*Stipa*). Sie bestechen durch ihre langen, seidigen Blütengrannen, die sich wellenförmig im Wind bewegen. Auch viele Sorten der Rutenhirse (*Panicum virgatum*) überzeugen im Präriebeet. Mit ihren zarten, schleierartigen Blütenständen umspielen sie die Staudenblüten. Zudem weisen sie eine attraktive Herbstfärbung auf.
Das Prärie-Gras (*Sporobolus heterolepis*) ist bisher in Deutschland noch nicht sehr verbreitet. Es überzeugt mit seinen filigranen, durchscheinenden Blütenwolken und der leuchtend ockergelben Herbstfärbung. Weitere empfehlenswerte Gräser für den Präriegarten sind das Lampenputzergras, Chinaschilf und das Garten-Reitgras. Seinen Blütenhöhepunkt hat der Präriegarten im Sommer und Spätsommer. Mit der einsetzenden Herbstfärbung der Gräser ergeben sich auch im September und Oktober Gartenbilder von großer Schönheit. ■

FLORISTIK Mit filigranen Gräserblüten und grazilen Blättern hübsche Sträuße selbst zusammenbinden sehen Sie hier oder unter www.m.kosmos.de/14247/tb5

PFLEGELEICHT
IM *Steingarten*

SCHON AUF EINER KLEINEN FLÄCHE von wenigen Quadratmetern lassen sich mit Steinen, Stauden und Gräsern schöne Miniaturlandschaften gestalten. Selbst eine große Schale oder ein Steintrog können so dauerhaft bepflanzt werden.

Steinige Grundlagen

Voraussetzung für die Anlage eines eigenen Steingartens ist ein möglichst vollsonniger Standort sowie ein durchlässiger, magerer Gartenbo-

den. Schwere Böden sollten durch die Zugabe von Sand und Splitt wasserdurchlässiger gemacht werden. Ideal für Steingärten sind auch leichte Hanglagen, beispielsweise Böschungen oder schmale Streifen entlang von Treppenaufgängen, an denen das Regenwasser schnell abfließen kann.

Um eine ruhige Wirkung zu erzielen, sollte man sich bei der Auswahl der Steine auf eine oder wenige Gesteinsarten beschränken. Auch bei der Bepflanzung wirkt es schöner, wenn wenige

Harmonische Komposition mit Blau-Schwingel, Grasnelken, Glockenblumen und Teppich-*Sedum* – farblich fein abgestimmt

Der Natur nachempfunden ist dieser mit großen Steinen, *Festuca* und Polsterstauden gestaltete Steingarten.

Arten sich wiederholen und nicht zu viele verschiedene Sorten einzeln gepflanzt werden.

Mit Gräsern gestalten

Unter den Gräsern gibt es viele Sorten, die sich im Steingarten wohlfühlen. Blau-Schwingel (*Festuca*) sind hier mit ihren kleinen, halbkugeligen Polstern in blaugrauen und silbrig blauen Tönen eine Idealbesetzung. Mit *Festuca valesiaca* 'Zwergenkönig' steht eine sehr kompakte Sorte zur Verfügung, die nur 10 cm Wuchshöhe erreicht.

Auch das Moskitogras, *Bouteloua gracilis*, wirkt in steiniger Umgebung besonders schön. Es erreicht eine Wuchshöhe von 20 bis 40 cm. Ab Juli schmückt es sich mit zahlreichen, waagerecht abstehenden Blütenständen an dünnen Stielen, die wie ein Moskitoschwarm um die Pflanze herumschweben.

Bei den Lampenputzergräsern ist die Zwerg-Sorte *Pennisetum alopecuroides* 'Little Bunny' besonders für Steingärten geeignet. Sie wird nur 15 bis 20 cm hoch und bildet ab August eine Vielzahl hübscher, flauschiger Blütenähren.

Kombinieren mit Zwiebelblumen

Im Steingarten lassen sich Gräser gut mit klein bleibenden Zwiebelblumen, wie Wildtulpen, botanischen Narzissen und Zwiebeliris (*Iris danfordiae* und *Iris reticulata*) kombinieren. Auch die leuchtend blauen Blüten des Blausterns (*Scilla sibirica*) und des Schneestolzes (*Chionodoxa luciliae*) passen gut in Steingärten. Da sie sich durch Selbstaussaat vermehren, entstehen mit der Zeit hübsche, kleine Blütenteppiche. Etliche Zwiebel-

Pflanzenkunst auf kleinstem Raum Für einen Minigarten mit Hauswurz und Gräsern findet sich überall ein Plätzchen.

blumen blühen bereits im Februar und März und bringen auf diese Weise Farbe in die Beete. Die üppige Zeit der Gräser liegt eher im Sommer und Frühherbst, sodass sich beide Gruppen gut ergänzen.

Wunderschön im Topf

Zur Bepflanzung von Kübeln und Steintrögen lassen sich die oben genannten, klein bleibenden Gräser gut mit Hauswurz (*Sempervivum*) und *Sedum*-Arten kombinieren. Auch hier sind früh blühende Zwiebelblumen eine gute Ergänzung. Dekoriert mit passenden Steinen entstehen so pflegeleichte und langlebige Steingärten im Kleinformat. ■

Asiatische
GÄRTEN

ASIATISCHE GÄRTEN zeichnen sich durch ihre Reduktion auf das Wesentliche aus. Sie bestechen durch ihre Klarheit und die große Ruhe, die sie ausstrahlen. Wesentliche Gestaltungselemente sind Felsen, Steine und Kies sowie Wasser und ausgewählte Pflanzen.

Bei den Pflanzen lassen sich zwei Hauptgruppen unterscheiden: Einerseits gibt es auffällige Solitärpflanzen (Pflanzen in Einzelstellung), die als Blickpunkte dienen. Andererseits gibt es eine flächige Pflanzenverwendung, die Ruhe und Verbindung schafft.

Blickpunkte mit Strahlkraft

Bambus mit seinen biegsamen Halmen und dem raschelnden, immergrünen Laub darf in keinem Asia-Garten fehlen. Die vielen Sorten des Flachrohr-Bambus (*Phyllostachys*), siehe auch Seite 70/71, bestechen durch ihre dicken, dekorativen Halme, die einen schönen Glanz aufweisen und je nach Sorte unterschiedlich gefärbt sind. Für die hoch wachsenden Sorten mit bis zu 10 m Wuchshöhe sollte genügend Platz zur Verfügung stehen. Die kompakt wachsenden Sorten, wie *Phyllostachys nigra* 'Punctata', passen auch in kleinere Gärten. Auf jeden Fall sollte bei Flachrohr-Bambus eine Rhizomsperre eingebaut werden.

Alle Arten und Sorten des Schirmbambus (*Fargesia*) sind gut zur Gestaltung asiatischer Gärten geeignet, siehe auch Seite 68 bis 69. Sie sind horstbildend und mit Wuchshöhen von 200 bis 400 cm etwas zahmer im Wuchs. Besonders dekorativ ist die Sorte *Fargesia scabrida* 'Asian

Harmonischer Dreiklang aus bodendeckendem Zwergbambus, Steinlaterne und Gelblaubigem Japan-Berggras

Die wesentlichen Elemente asiatischer Gärten sind Steine, Pflanzen und Wasser. Diese Gestaltung strahlt Ruhe aus.

Bodendeckend und hoch hinaus Ein schön geschwungenes Beet mit Zwergbambus wird von hohen *Phyllostachys* flankiert.

Wonder', mit ihrem blaugrünen Laub und den im Austrieb purpurroten Halmen. Doch auch *Fargesia murielae* 'Standing Stone' mit seinen frischgrünen Blättern und den auffälligen, weißen Wachsablagerungen an den Halmen wird im Asia-Garten zum Blickfang.

Niedrig wachsende Gräser können ebenfalls auffällige Blickpunkte in asiatischen Gärten sein. Die Sorten des Japanischen Berggrases (*Hakonechloa macra*) lassen sich mit ihrem eleganten, überhängenden Wuchs gut mit Steinen und Felsen kombinieren. Aufgrund ihrer Wuchsform wirken sie auch in schmalen, hohen Töpfen sehr edel.

Flächendeckende Ruhe

Der niedrig wachsende Zwergbambus, *Pleioblastus pygmaeus*, wird häufig als flächiges Gestaltungselement asiatischer Gärten verwendet. Mit seinen feinen Halmen und dem dichten, frischgrünen Laub bildet er gleichmäßige, immergrü-

ne Flächen. Er gedeiht sowohl an sonnigen als auch an schattigen Gartenplätzen. Aufgrund seines enormen Ausbreitungsdrangs ist eine Rhizomsperre unverzichtbar.

Bei den Gräsern sind viele Seggen-Arten und -Sorten (*Carex*) zur flächigen Gestaltung asiatischer Gärten gut geeignet. Sie bevorzugen halbschattige bis schattige Lagen und setzen mit ihren weißbunten oder gelbbunten Blättern auch im Winter farbige Akzente. Ein robuster Klassiker ist die Weißbunte Japan-Segge, *Carex morrowii* 'Variegata'. Eine noch leuchtendere Farbwirkung besitzt die Japan-Gold-Segge, *Carex oshimensis* 'Evergold', die mit ihren bogig überhängenden, gelb gestreiften Blättern dichte Polster bildet.

Für sonnige bis halbschattige Plätze ist der Bärenfell-Schwingel, *Festuca gautieri*, eine ideale Flächenpflanze. Mit seinen dichten, gleichmäßigen, frischgrünen Polstern strahlt er eine große Ruhe aus. Wichtig für sein Gedeihen ist ein magerer, wasserdurchlässiger Boden. ■

FÜR JEDE
Jahreszeit

AM SPEKTAKULÄRSTEN wirken Gräsergärten ohne Zweifel zur Blütezeit im Spätsommer. Mit ihrer Fülle an seidigen Blütenständen, die sich schon beim leisesten Windhauch bewegen, lassen sich Gartenbilder von großer Ausstrahlungskraft gestalten. Doch auch im Herbst und Winter haben Gräser bezüglich Farbe, Form und Struktur einiges zu bieten.

Alle Leichtigkeit des Sommers Das Federgras, *Stipa tenuissima*, harmoniert perfekt mit Sonnenauge und Schafgarbe.

Blütenfülle im Sommer

Die Hochzeit der Gräserblüte sind der August und September. Gräserblüten beeindrucken durch eine große Vielfalt an Formen und Farben. Es gibt unübersehbare Riesenblüten wie beim Pampasgras und beim Chinaschilf. Andere Arten wie die Schmiele (*Deschampsia*) und das Prärie-Gras (*Sporobolus heterolepis*) bilden zarte, durchscheinende Blütenwolken. Diese lassen sich mit Stauden und Sommerblumen zu harmonischen Bildern verbinden. Die Federgräser (*Stipa*) beeindrucken durch ihre langen, silbrigen Grannen, die sich wellenartig im Wind bewegen. Am besten wirken sie, wenn sie in Gruppen gepflanzt werden.

Prächtige Blätter im Herbst

Ab September stellt sich bei vielen Arten eine attraktive Herbstfärbung ein. Hier gibt es ein weites Farbspektrum von warmen Gelbtönen über Orange- und Purpurrot bis zu Weinrot und Bronze.
Eine leuchtend goldgelbe Herbstfärbung weist das Riesen-Pfeifengras (*Molinia arundinacea*) auf. Sie setzt im September ein und bleibt über viele Wochen stabil. Die bis zu 200 cm hohen,

Frühlingserwachen Zartgelbe Narzissen steigen aus einer Fläche mit immergrünen Japan-Gold-Seggen empor.

September-Harmonie In sanften Herbstfarben präsentiert sich dieses Staudenbeet mit Gräsern, Astern und *Sedum*.

transparenten Horste des Pfeifengrases wirken am Teichrand besonders schön. Viele Sorten des Chinaschilfs zeigen eine auffällige Herbstfärbung in orangefarbenen und rötlichen Tönen. Hier sind die Sorten 'Ferner Osten', 'Malepartus', 'Flamingo' und 'Ghana' besonders empfehlenswert. Unübersehbar ist die scharlachrote Herbstfärbung des Japanischen Blutgrases, *Imperata cylindrica* 'Red Baron'. Zudem schmückt es sich be-

reits ab Juni mit roten Blattspitzen. In größeren Gruppen oder flächig gepflanzt, lassen sich mit diesem unkomplizierten Gras spektakuläre Farbwirkungen erzielen.

Zauberhaft wirken Gräser in ihrer Herbstfärbung, wenn sie mit spätblühenden Stauden wie gelbem Rudbeckiew (*Rudbeckia*) und dem Roten Sonnenhut (*Echinacea purpurea*) kombiniert werden. Die Blütenfarben werden durch die Herbstfärbung der Gräser aufgenommen und verstärkt.

Immergrün im Winter

Selbst im Winter wirkt ein Gräsergarten nicht trist. Zum einen gibt es viele immergrüne Sorten, die im Wintergrau frische Farbflecken zaubern. Hierzu gehört natürlich auch der Bambus mit seinen immergrünen Blättern. Doch selbst die trockenen Horste und Blüten der sommergrünen Gräser bereichern den Garten mit ihren Formen und Strukturen. Besonders bei frostigem Wetter ergeben sich durch Schnee und Raureif oft ganz zauberhafte Anblicke. Da die meisten Arten zudem sehr standfest sind, sollte der Rückschnitt erst nach dem Winter erfolgen.

Frühlings-Kombinationen

Im Frühling werden alle sommergrünen Gräser kurz über dem Erdboden komplett zurückgeschnitten. Bis der frische Austrieb erfolgt, sind sie erst einmal nicht so dekorativ. Gräser in Töpfen können dann eher im Hintergrund platziert werden. Im Beet empfiehlt es sich, sommergrüne Gräser mit frühblühenden Zwiebelblumen und Stauden zu kombinieren. So entstehen keine Lücken und die Beete wirken zu jeder Jahreszeit attraktiv.

pflanzen & pflegen
PRAXIS

PFLANZEN UND PFLEGEN

S. 36

Ein Gras für alle Fälle

Trotz ihrer grazilen Gestalt sind Gräser erstaunlich robust und pflegeleicht. Und glücklicherweise gibt es **für jeden Standort** das passende Gras. Wichtig ist die optimale Sortenwahl für den jeweiligen Standort – dann klappt der Rest fast wie von selbst.

S. 39

Einfach vermehren

Im Gegensatz zu vielen anderen Gartenpflanzen lassen sich Gräser ohne großen Aufwand **durch Teilung** vermehren. So wird der eigene Gräsergarten im Laufe der Jahre immer schöner und Sie können sich auch bei Nachbarn und Freunden großzügig zeigen.

S. 40

Bambuspflege

Bambus ist trotz seiner exotischen Anmutung **auch für Gartenneulinge zu empfehlen.** Wichtig ist die Beachtung einiger Grundregeln zum Standort und Bodenbeschaffenheit, eine zuverlässige Wasserversorgung sowie die Bändigung der ausläuferbildenden Arten und Sorten durch den Einbau einer Rhizomsperre.

S. 44

Insektenhotel bauen

Immer wieder faszinierend ist die Beobachtung wild lebender Tiere und Insekten im Garten. Ein Insektenhotel lockt **Wildbienen** und **Solitärwespen** an. So können kleine und große Forscher diese spannenden Insekten bei der Vorbereitung zur Eiablage beobachten. Mit Hilfe von **Holz, Bambus und Schilf** lässt sich eine solche Nisthilfe ganz leicht selber bauen.

S. 42

Mobiles Gräser-Glück

Topfgärten sind wunderschön und immer wieder neu und spannend. Mit dem richtigen Substrat können Gräser und Bambus über viele Jahre in Töpfen und Kübeln wachsen und gedeihen. Informationen und Tipps zum Topfen, Düngen, Gießen und Pflegen helfen bei der praktischen Umsetzung des mobilen Gartens.

DIE
Gräserpflege

STANDORT UND BODEN Bezüglich der Ansprüche an Standort und Boden lassen sich bei den Gräsern vereinfacht drei Gruppen unterscheiden:
Steppen- und Steingartengräser, wie Federgras und Schwingel, benötigen vollsonnige Standorte mit durchlässigen, mageren Böden. Schwere und nährstoffhaltige Böden werden durch die Beimischung von Sand, Splitt oder Kies angepasst.
Gräser für Halbschatten und Schatten, wie Seggen, bevorzugen lockere, humusreiche Böden. Sie sind für eine Zugabe von Laubkompost oder Rindenhumus dankbar.
Beetstaudenähnliche Gräser, wie das Lampenputzergras, und hohe Solitärgräser, wie Chinaschilf und Pampasgras, lieben sonnige Standorte mit frischem, nährstoffreichem Boden. Hier sollte bei der Pflanzung Kompost beigemischt werden.

Wann pflanzen?

Die Pflanzung von Staudengräsern (mehrjährige Gräser) kann grundsätzlich von März bis Ende September erfolgen. Bei der Frühjahrspflanzung wachsen die Gräser besonders schnell an und es gibt die wenigsten Ausfälle. Eine Pflanzung im Sommer und Frühherbst bietet den Vorteil, dass sich die Gräser dann in voller Schönheit zeigen. So kann der Gartenliebhaber seine Favoriten im Fachhandel einfach und gezielt auswählen. Von einer späten Herbstpflanzung ist bei Gräsern abzuraten, da sie bei kalten Böden nur schlecht anwachsen und dann den Winter oft nicht überleben.

1. Vor der Pflanzung wir der Boden mit einem Spaten umgegraben und gelockert. Wurzelunkräuter werden entfernt.

2. Plastiktöpfe mit stark durchwurzeltem Ballen werden mit einer Gartenschere aufgeschnitten und abgestreift.

3. Der Wurzelballen schließt mit der Bodenoberfläche ab. Anschließend die Erde festdrücken und gründlich angießen.

Wie pflanzen?

Nach der gründlichen Lockerung der Pflanzfläche werden die Gräser aus den Töpfen herausgenommen. Am besten stellen Sie erst einmal alle Pflanzen im Beet aus, um noch Korrekturen bei der Platzierung vornehmen zu können. Beachten Sie bei den Pflanzabständen den Durchmesser, den die Pflanze einmal haben wird. Das können beim Chinaschilf durchaus 80 bis 100 cm sein. Die Gräser werden so tief gepflanzt, wie sie vorher im Topf standen. Der Wurzelballen schließt also mit der Erdoberfläche ab oder wird höchstens mit einer bis zu 1 cm dicken Schicht Gartenerde abdeckt. Gräser, insbesondere Steppengräser, vertragen eine zu tiefe Pflanzung schlecht. Nach der Pflanzung wird die Erde um die Wurzelballen angedrückt und durchdringend gegossen. Achten Sie auch in den folgenden Wochen auf eine regelmäßige Wasserversorgung.

Welche Dünger?

Steppen- und Steingartengräser bevorzugen nährstoffarme, sandige Böden. Hier wird in der Regel gar nicht gedüngt.

Beetstaudenähnliche Gräser und Solitärgräser haben einen höheren Nährstoffbedarf. Am besten düngt man sie mit einem organischen oder organisch-mineralischen Volldünger in zwei Gaben pro Jahr (März/April und Juni/Juli). Der Bedarf liegt bei etwa 50 bis 100 g Volldünger pro m² und Jahr (Angaben auf der Düngerpackung beachten). **Halbschatten- und Schattengräser** benötigen etwa die Hälfte der Düngergaben; 40 bis 50 g pro m² und Jahr.

Winterschutz geben?

Der Großteil der beschriebenen Staudengräser ist zuverlässig winterhart und benötigt keinen Schutz. Pampasgräser sind etwas empfindlicher. Ihre Blatthorste werden im Spätherbst zusammengebunden und mit einer Schilfmatte oder Reisigzweigen umstellt. Immergrüne Gräser leiden im Winter häufig unter Wind und starker Sonneneinstrahlung. Hierbei entstehen Wasserverluste, die über den gefrorenen Boden nicht ausgeglichen werden können (Frosttrocknis). Daher sind sie in rauen Lagen für eine Abdeckung mit Reisigzweigen dankbar. ■

RÜCKSCHNITT
&*Vermehrung*

RÜCKSCHNITT Ein Großteil der beliebtesten Staudengräser ist sommergrün. Der neue Austrieb erfolgt im März/April. Die Blatthorste wachsen im Frühsommer heran und im Sommer/Spät-

Im März werden sommergrüne Staudengräser bodennah zurückgeschnitten – Solitärgräser am besten mit der Astschere.

sommer erscheinen die Blüten. Ab September zeigen viele Sorten eine schöne Herbstfärbung. Danach vergilben die Blätter und Blüten allmählich und die Gräserhorste werden trocken. Die meisten Sorten sind auch dann noch standfest und dekorativ. Zudem bieten die trockenen Blatthorste der Wurzel einen zusätzlichen Schutz vor Winternässe und starken Temperaturschwankungen.

Singvögel und kleine Säugetiere nutzen die Horste gerne als Versteck. Daher sollte der Rückschnitt grundsätzlich erst im Frühjahr (März/April) erfolgen. Der gesamte Gräserhorst wird mit einer scharfen Gartenschere kurz über dem Erdboden zurückgeschnitten. Bei einigen Gräsern erfolgt der Austrieb relativ spät, manchmal erst Ende April. Hier ist etwas Geduld gefragt, um die Pflanzen nicht vorschnell als erfroren abzuschreiben.

Immergrüne Gräser, wie Seggen, werden in der Regel nicht zurückgeschnitten. Hier genügt es, nach dem Winter trockene und beschädigte Blätter zu entfernen. Wenn nach strengen Wintern eine starke Schädigung des Laubs vorliegt, kann im März/April ein kompletter Rückschnitt erfolgen. Die Pflanzen regenerieren sich schnell und sind in wenigen Wochen wieder üppig und grün (siehe auch Seite 52 und 53)

Einfach teilen Viele Gräser lassen sich durch Teilung vermehren. Hierzu werden sie im März/April ausgegraben.

Die Teilstücke werden sofort wieder eingepflanzt und nutzen den Frühling für ein schnelles und kräftiges Wachstum.

Verjüngung älterer Gräserhorste

Grundsätzlich können Staudengräser mehrere Jahre am selben Standort verbleiben und werden immer üppiger und schöner. Nach vielen Jahren kann es jedoch sein, dass sie nicht mehr wüchsig sind und aus der Mitte heraus verkahlen. Dann wird es Zeit, die Horste auszugraben und zu verjüngen. Der richtige Zeitpunkt hierfür ist das frühe Frühjahr, wenn der neue Austrieb zu sehen ist. Hierzu wird der komplette, zurückgeschnittene Gräserhorst mit einem Spaten oder einer Grabegabel aus der Erde geholt. Mit der Hand, einem scharfen Messer oder dem Spaten wird die Pflanze in handliche Teilstücke zerlegt. Die nicht mehr vitalen Stücke aus der Mitte kommen auf den Kompost. Die wüchsigen Teilstücke aus dem äußeren Bereich werden neu aufgepflanzt.

Vermehrung durch Teilung

Die sogenannte vegetative Vermehrung, also die Vermehrung durch Teilung, ist für Gräser die wichtigste Reproduktionsmethode. Alle Teilstücke sind genetisch einheitlich, sodass die Sorteneigenschaften bei jedem Teilstück erhalten bleiben. Mit dieser Methode können Sie Ihre Gräserfavoriten im Garten weiterverbreiten oder auch Teilstücke an Freunde und Nachbarn abgeben. Der optimale Zeitpunkt hierfür ist bei sommergrünen Gräsern März und April. Wie bei der Verjüngung beschrieben, erhalten Sie aus einer Pflanze mehrere neue Pflanzen. Bei jüngeren, wüchsigen Ausgangspflanzen können Sie alle Teilstücke verwenden. In den Wochen nach der Neupflanzung ist eine gute Wasserversorgung wichtig. Schopfartige, immergrüne Gräser, wie *Carex* und *Festuca*, können neben dem Frühjahr auch im August/September geteilt werden.

DAS
Bambus 1 x 1

STANDORT UND BODEN Ein Großteil aller Bambus-Arten bevorzugt einen windgeschützten, sonnigen bis halbschattigen Gartenplatz. Einige Arten wie *Sasa*, *Pseudosasa* und *Pleioblastus* sind schattenverträglicher und gedeihen auch gut an vollschattigen Standorten. Bambus bevorzugt frische bis feuchte, gut durchlässige Gartenböden. Prinzipiell kommt er mit jedem normalen Gartenboden zurecht. Staunässe verträgt er allerdings nicht. Daher sollten schwere Böden durch Zuga-

be von Sand, Splitt oder Kies wasserdurchlässiger gemacht werden. Magere Sandböden werden durch Beimischung von Kompost fruchtbarer.

Wann pflanzen?

Die Pflanzung kann grundsätzlich von März bis Ende September erfolgen. Die Frühjahrspflanzung bietet den Vorteil, dass der Bambus bis zum Winterbeginn viel Zeit zum Einwurzeln hat. Im

Rhizomsperren aus dickem Kunststoffmaterial begrenzen den Wurzelraum ausläuferbildender Bambus-Arten.

Solide und haltbar Die beiden Enden der Rhizomsperre werden mit einer stabilen Metallschiene verschraubt.

August und September findet hingegen das stärkste Rhizomwachstum statt, sodass der Bambus auch in diesem Zeitraum gut und sicher anwächst.

Wie pflanzen?

Der Boden wird mit einem Spaten gründlich umgegraben und gelockert. Die Zugabe von Kompost oder Rindenhumus fördert die Bodenfruchtbarkeit. Bambus wird nur so tief gepflanzt, wie er vorher im Topf stand. Danach wird die Erde um den Wurzelballen angedrückt. Schließlich erfolgt das gründliche und durchdringende Angießen. Auch in den Wochen nach der Pflanzung ist eine gute Wasserversorgung wichtig. Ausläuferbildende Bambus-Arten, wie *Phyllostachys*, *Sasa*, *Pseudosasa* und *Pleioblastus*, haben die Tendenz, durch den ganzen Garten zu „wandern". Daher ist direkt bei der Pflanzung der Einbau einer Rhizomsperre ratsam. Der Fachhandel bietet Wurzelsperren aus dickem Kunststoff an, die 60 bis 70 cm tief in den Boden gesetzt werden. Oben lässt man einige Zentimeter herausschauen. Die Enden der Rhizomsperre sollten sich gut überlappen, zum Verschrauben gibt es stabile Metallriegel.

Bei einer Hecke oder einer flächigen Pflanzung genügt es, die gesamte Bambusgruppe mit einer Rhizomsperre zu umgeben. Wem der Einbau einer Wurzelsperre zu mühsam ist, kann sich auf horstbildende Bambus-Arten beschränken. Sie wachsen dichtbuschig und bilden keine Ausläufer. Hierzu gehören alle *Fargesia*-Arten und -Sorten.

BAMBUS-BLÜTE Bambus blüht nur sehr selten. Hier erfahren Sie mehr über die geheimnisvolle Blüte und worauf Sie im Garten achten sollten. Oder unter www.m.kosmos.de/14247/tb6

Solitärpflanzen werden einzeln ringförmig eingegrenzt, Bambushecken und -gruppen als Gesamtfläche umschlossen.

Wie viel Wasser & Dünger?

Bambus hat einen relativ hohen Wasser- und Nährstoffbedarf. In Trockenphasen sollte regelmäßig durchdringend gegossen werden. Durch längsseitiges Einrollen der Blätter zeigen Bambuspflanzen den Wassermangel deutlich an. Die Düngung erfolgt am besten mit einem organischen oder organisch-mineralischen Dünger im März/April und Juni/Juli. Danach sollte nicht mehr gedüngt werden, damit die Triebe vor dem Winter ausreifen können.

Winterschutz geben?

Vorteilhaft für alle Bambus-Arten ist ein windgeschützter Standort – vor allem vor kontinentalen Ostwinden. Um winterliche Trockenschäden zu vermeiden, ist ein durchdringendes Wässern der Pflanzen vor dem Winter eine sinnvolle Maßnahme. Eine Abdeckung des Wurzelbereichs mit einer dicken Laub- oder Strohschicht ist im ersten Standjahr und in rauen Lagen vorteilhaft. Eine Schneeauflage schützt sowohl Wurzeln als auch Blätter und sollte nicht entfernt werden. ◼

Topfgarten
BASICS

GRÄSER UND BAMBUS IN TÖPFEN benötigen mehr Pflege und Aufmerksamkeit als ihre Gartenvertreter. Durch ihren begrenzten Wurzelraum haben sie keine Möglichkeit, an zusätzliche Wasser- oder Nährstoffvorräte zu gelangen.

 PFLEGE IM JAHRESVERLAUF Topfgärten von Frühling bis Winter pflegen. Das sehen Sie hier auf einen Blick oder unter www.m.kosmos.de/14247/t7

Gut getopft

Wichtig ist es, die Topfgröße und das Substrat passend zur jeweiligen Art auszuwählen. So brauchen Bambuspflanzen und hohe Solitärgräser, wie Chinaschilf und Pampasgras, entsprechend große Gefäße und eine nährstoffreiche

Winterpause Zusätzlich durch eine Schilfmatte vor Ostwinden geschützt, überwintert dieser Topfbambus an einer Hauswand.

Erde. Am besten verwenden Sie ein hochwertiges Substrat für Kübelpflanzen, das über viele Jahre eine gute Wachstumsgrundlage bietet. Steppen- und Steingartengräser, wie Federgras, Schwingel und Blaustrahlhafer, bevorzugen hingegen einen mageren, durchlässigen Boden. Hier wird das Substrat durch Zugabe von Sand und Splitt auf die Bedürfnisse der Pflanze abgestimmt. Für den optimalen Wasserabzug wird auf dem Boden des Pflanzgefäßes eine dünne Drainageschicht aus Kies oder Blähton eingefüllt und mit wasserdurchlässigem Vlies abgedeckt. Darauf folgt das Substrat. Bei kleineren Töpfen genügt es, die Abzugslöcher mit Tonscherben abzudecken, sodass sie sich nicht mit Erde zusetzen.

Regelmäßig gießen

Der Wasserbedarf von Kübelpflanzen ist gerade an heißen und windigen Tagen erheblich. Das gilt vor allem für Pflanzen mit großer Blattmasse wie Bambus. Hier kann im Sommer tägliches

Gießen unerlässlich sein. Große Kunststoffgefäße mit Wasserreservoir können die Probleme der sommerlichen Wasserversorgung reduzieren. Breitere Untersetzer, die in Schönwetterphasen unter die Töpfe gestellt werden, sorgen ebenfalls für Abhilfe. In längeren Regenperioden und zum Herbst hin sollten sie allerdings entfernt werden, damit die Pflanzen nicht zu nass stehen.

Wichtige Nährstoffe

Neben dem regelmäßigen Gießen und einem hochwertigen Substrat ist eine ausreichende Versorgung mit Nährstoffen für Kübelpflanzen unerlässlich. Es hat sich bewährt, bei Kübelpflanzen Langzeitdünger zu verwenden. Hierbei werden die Nährstoffe über einen längeren Zeitraum nach und nach abgegeben, sodass die Pflanzen immer optimal versorgt sind. Bei einer Laufzeit des Düngers von fünf bis sechs Monaten reicht eine einmalige Düngung im März, um die Pflanzen bis zum Herbst zu versorgen. Frisch getopfte Gräser und Bambus werden nicht gedüngt, da im Substrat genügend Nährstoffe für das erste

Jahr vorhanden sind. Besonders wichtig ist die Düngung bei Bambus und hohen Solitärgräsern. Gräser, die von Natur aus sandige, nährstoffarme Standorte bevorzugen, werden nicht oder nur sehr sparsam gedüngt.

Im Winter

In der kalten Jahreszeit ist es vorteilhaft, die Gefäße in windgeschützte Bereiche, beispielsweise an eine Hauswand, zu rücken. Für einen guten Wasserabzug sorgen Holzleisten, Steine oder spezielle Füße, die unter die Töpfe geschoben werden. In rauen Gegenden können die Töpfe zusätzlich mit einem isolierenden Material, wie Vlies, Kokosmatten, Sackleinen oder Noppenfolien, umwickelt werden. Abzugslöcher frei halten! Auch im Winter darf die Erde in den Töpfen nicht austrocknen. Das gilt vor allem für immergrüne Pflanzen, die auch im Winter durch Sonne und Wind erhebliche Wassermengen verdunsten. Daher in frostfreien Phasen die Feuchtigkeit der Wurzelballen prüfen und gegebenenfalls durchdringend wässern. ■

Schön praktisch Füße aus Terrakotta sorgen dafür, dass überschüssiges Wasser aus Pflanzgefäßen ablaufen kann.

Gute Drainage Eine Lage Tonscherben, Blähton oder Kies auf dem Topfboden verhindert Staunässe.

Insektenhotel bauen
MIT BAMBUS

❶ Das Material

Man braucht dafür eine kleine Holzkiste mit mindestens 10 cm Tiefe. Dort hinein können dicke, trockene Holzstücke, Rindenstücke, Tannenzapfen, Bündel aus Bambushalmen und aus Schilf geschichtet werden. Die Halme lassen sich mit einer Gartenschere auf die passende Länge zuschneiden (so tief, wie die Kiste ist).

❷ Löcher bohren

Mit einer Bohrmaschine werden Löcher in die Holzstücke gebohrt. Am besten verwendet man verschiedene Bohrer von 2 bis 10 mm Durchmesser. Die Löcher werden auf Bohrerlänge gebohrt. Die Holzstücke sollen möglichst nicht ganz durchbohrt werden, sodass eine Höhle entsteht.

AB APRIL IST ES WIEDER SO WEIT: Die Wildbienen und Solitärwespen schwärmen aus und gehen auf Suche nach einem passenden Ort für ihre Eiablage. Honigbienen und „normale" Wespen bilden Staate, die aus einer Vielzahl von Tieren bestehen. Solitärbienen und -wespen leben alleine und jedes Insekt versorgt seine eigene Bruthöhle. Für die Eiablage und zur Larvenentwicklung werden Röhren und Löcher benötigt.

3

❸ *Wohnung befüllen*

Dann nimmt man die Bündel und steckt sie zwischen die Holzstücke in die Kiste, sodass alles schön verkeilt ist und nicht mehr verrutscht.

❹ *Aufhängen – fertig*

Zum Schluss wird die Kiste an einem sonnigen, warmen Platz aufgehängt. Optimal ist ein wind- und regengeschützter Ort, zum Beispiel an der Hauswand unter einem Dachüberstand.

Da alte, morsche Bäume mit Bohrlöchern von Käfern immer seltener werden, haben die Insekten oft Probleme, die passenden Hohlräume für ihren Nachwuchs zu finden. Daher werden vom Menschen erstellte Nisthilfen schnell und gerne angenommen. Ein kleines, einfaches Insektenhotel lässt sich im Nu basteln.

Angst vor schmerzhaften Begegnungen muss hierbei niemand haben. Die Stacheln von Solitärbienen und -wespen sind so dünn, dass sie unsere Haut nicht durchdringen können.

4

AUF BEOBACHTUNGSTOUR

Am besten lassen sich die Wildbienen und Solitärwespen von Mitte April bis Ende Juli an sonnigen Tagen beobachten. Die Wildbienen sammeln Blütenpollen und transportieren ihn in die Röhre. Die Solitärwespen fangen Insekten, wie Raupen oder Fliegen, und schleppen sie in die Brutkammer. Dann legen sie ein Ei in die Bruthöhle und verschließen die Eikammer.

Bei längeren Röhren werden mehrere Eikammern hintereinander belegt und mit Zwischenwänden versehen. Zum Schluss wird die Röhre mit einem Deckel verschlossen. Zugestopfte Löcher zeigen also an, dass die Nisthilfe angenommen wurde.

Aus den Eiern schlüpfen die Larven, die sich von den Pollen- bzw. Fleischvorräten ernähren. Bis das fertige Insekt die Bruthöhle verlässt, kann es über ein Jahr dauern.

Blätter, Blüten, Formen

PORTRÄTS

DEKORATIV & PFLEGELEICHT

S. 56

Farbenspiele

Wer bei Gras immer nur „grün" denkt, der irrt. Das Japanische Blutgras zeigt ein intensives Scharlachrot, mit dem sich spektakuläre Farbeffekte im Garten umsetzen lassen. Besonders im Gegenlicht ist diese Sorte ein echter Hingucker. Oder sollen es lieber ein kühles Blaugrau oder ein warmes, leuchtendes Gelb sein? Kein Problem – auch hierfür gibt es die passende Gräserbesetzung.

S. 58

Chinaschilf

Vielseitig, schön und ohne Allüren. Das Chinaschilf ist uneingeschränkt empfehlenswert. Es bildet dichte Horste aus feinen Blättern mit Wuchshöhen von 120 bis über 200 cm. Die im Spätsommer erscheinenden seidigen Blütenstände sind eine Augenweide und schimmern je nach Sorte von silbrig weiß bis dunkelrot. Einzeln oder in kleinen Gruppen gepflanzt, dient es als Sichtschutz, bereichert Teichufer und Sitzplätze oder strukturiert gemischte Staudenbeete.

S. 66

Federgräser

Alle Leichtigkeit des Sommers! Federgräser (*Stipa* in Arten und Sorten) gehören zu dem Zartesten, was das Gräserreich zu bieten hat. Die seidig schimmernden, haarfeinen Blütengrannen bewegen sich schon beim leisesten Windhauch. Sie sind gesellig und wirken am besten, wenn sie in kleinen und größeren Gruppen gepflanzt werden. Kombiniert mit sommerblühenden Stauden oder Sommerblumen entstehen Gartenbilder von zauberhafter Leichtigkeit.

S. 72

Imposanter Bambus

Bambus hat viele Gesichter, es gibt ihn sogar als Bodendecker. Der **Zwergbambus** wird nur 20 bis 40 cm hoch. Er bildet eine Vielzahl feiner Triebe mit dichtem Laub und begrünt größere Bereiche im Nu. Sehr beliebt ist er zur **Gestaltung ruhiger, immergrüner Flächen** in asiatischen Gärten. Damit er in seinem enormen Ausbreitungsdrang nicht durch den ganzen Garten wandert, ist der Einbau einer Rhizomsperre ein Muss.

S. 75

Schattenlagen – kein Problem

Viele Arten des **Breitblatt-Bambus** kommen auch ohne direkte Sonneneinstrahlung gut zurecht. Mit ihren großen, dunkelgrünen Blättern und ihrer **exotischen Anmutung** verschönern sie schattige Gartenpartien, wirken als Sichtschutz und als auffällige Blickpunkte.

REITGRAS UND *Pampasgras*

Garten-Reitgras
Calamagrostis x *acutiflora* 'Karl Foerster'

Standort Vollsonnig bis leicht halbschattig, verträgt Trockenheit
Wuchs Höhe 150 cm, Breite 80–100 cm, straff aufrecht, standfest
Blatt Schmal, frischgrün, aufrecht, früher Austrieb, gelbe Herbstfärbung
Blüte Schlanke, aufrechte Blütenähren ab Juni, ab Spätsommer leuchtend ockergelb gefärbt
Pflege Rückschnitt Ende Februar/Anfang März
Verwendung Perfekter Strukturbildner, für naturnahe Gärten, formale Pflanzungen, zu Stauden und Rosen, als Sichtschutz und Hecke

Gestreiftes Reitgras
Calamagrostis x *acutiflora* 'Overdam'

Standort Sonnig bis halbschattig, jeder Boden
Wuchs Höhe 130 cm, Breite 80 cm, aufrecht, standfest
Blatt Schmal, frischgrün mit weißen Rändern, besonders im Austrieb sehr auffällig
Blüte Schlanke, aufrechte Blütenähren ab Juni
Pflege Rückschnitt Ende Februar/Anfang März, zweiter Rückschnitt Ende Juli möglich, dann erfolgt frischer Blattaustrieb
Verwendung Auffälliges Solitärgras durch weiß gestreiftes Blatt, schön in Kombination mit Stauden und Rosen

Die gartenwürdigen Sorten des Reitgrases sind robust und sehr standfest.
Pampasgräser zählen mit ihren großen, silbrigen Blütenfahnen zu den
imposantesten und attraktivsten Solitärgräsern.

Diamant-Reitgras
Calamagrostis brachytricha

Standort Sonnig bis halbschattig, jeder Boden
Wuchs Höhe 70–100 cm, Breite 60–80 cm, dichte, straff aufrechte Wuchsform
Blatt Schmal, dunkelgrün, leicht bogig überhängend, im Herbst bronzefarben
Blüte Auffällige, flauschige Blütenrispen ab August, silbrig rosa, sehr lange haltbar, reich blühend
Pflege Rückschnitt Anfang März (treibt früh aus)
Verwendung Sehr anspruchslos, für naturnahe Pflanzungen, Kombinationen mit Stauden und Rosen, am Gehölzrand, unter Bäumen (verträgt Wurzeldruck), für Pflanzgefäße und Floristik

Pampasgras
Cortaderia selloana

Standort Vollsonnig, warm, geschützt, nährstoffreiche, durchlässige, gleichmäßig feuchte Böden
Wuchs Höhe 200–220 cm, Breite 100–120 cm, imposante graugrüne Blatthorste
Blatt Graugrün, bogig überhängend, scharfkantig
Blüte Riesige, silbrig weiße Blütenrispen ab September, an hohen Halmen weit über dem Laub
Pflege Rückschnitt ab Ende März (später Austrieb), im Frühjahr mit Kompost oder Langzeitdünger versorgen, Blattschöpfe im Herbst zusammenbinden, in rauen Lagen Winterschutz
Verwendung Imposantes Solitärgras

Seggen ANSPRUCHS-LOS IM SCHATTEN

Weißbunte Japan-Segge
Carex morrowii 'Variegata'

Standort Halbschattig bis voller Schatten, bevorzugt humosen, gleichmäßig feuchten Boden
Wuchs Höhe 40 cm, Breite 30 cm, dichte Blatthorste, gut bodendeckend
Blatt Breit, dunkelgrün mit schmalen, cremeweißen Rändern, leicht überhängend
Blüte Ab Juni gelbbraune Blütenähren, unauffällig
Pflege Unansehnliches Laub im März entfernen, bei starken Schäden hilft Totalrückschnitt
Verwendung Robuster, immergrüner Bodendecker, für den Gehölzrand, unter Bäumen, in Kombination mit Rhododendron, Stauden und Farnen

Teppich-Japan-Segge
Carex morrowii var. *foliosissima* 'Silver Sceptre'

Standort Halbschattig bis schattig, bevorzugt humosen, leicht feuchten Boden
Wuchs Höhe 15–20 cm, Breite 30 cm, dichter Wuchs, bodendeckend
Blatt Zierlich, weich überhängend, frischgrün mit cremeweißen Randstreifen, immergrün
Blüte Im April/Mai, unauffällig
Pflege Unansehnliches Laub im März entfernen
Verwendung Robuster, sehr kompakter Bodendecker, am Gehölzrand, unter Bäumen und Hecken, hellt dunkle Gartenpartien auf

Die meisten Seggen sind robust und anspruchslos. Sie gedeihen auch noch im Halbschatten und Schatten.

SCHATTENKÜNSTLER Eine weitere heimische Gräserart, die Wald-Marbel, für schattige Plätze entdecken Sie hier oder unter www.m.kosmos.de/14247/tb8

Zwerg-Palmwedel-Segge
Carex muskingumensis 'Little Midge'

Standort Sonnig bis halbschattig, bevorzugt humose, leicht feuchte Böden
Wuchs Höhe 20 cm, Breite 35 cm, aufrechte, dichte Horste
Blatt Frischgrüne, aufrechte Halme, mit schmalen, waagerecht abstehenden Blättern
Blüte Braune Blütenstände ab Juni, unauffällig
Pflege Immergrün, unansehnliches Laub im März entfernen, bei starken Schäden hilft Totalrückschnitt (regeneriert sich schnell)
Verwendung Strukturpflanze für flächige Bepflanzungen in naturnahen Gärten

Japan-Gold-Segge
Carex oshimensis 'Evergold'

Standort Sonnig bis schattig, jeder Gartenboden
Wuchs Höhe 20–30 cm, Breite 30 cm, dichte, zierliche, immergrüne Horste
Blatt Frischgrün mit einem leuchtend gelben Längsstreifen in der Mitte, bogig überhängend
Blüte Im April/Mai, unauffällig
Pflege Unansehnliches Laub im März entfernen, bei starken Schäden Totalrückschnitt
Verwendung Zur Aufhellung schattiger Gartenpartien, am Gehölzrand, unter Hecken und Bäumen, in Kombination mit Zwiebelblumen und Stauden, für Pflanzgefäße

Schwingel HÜBSCHE POLSTERGRÄSER

Regenbogen-Schwingel
Festuca amethystina

Standort Vollsonnig, trocken, durchlässiger Boden
Wuchs Höhe 30–40 cm, Breite 30 cm, dichte Horste aus nadelfeinen Blättern
Blatt Blaugrün, sehr fein, leicht bogig überhängend, wintergrün, nach der Blüte verfärben sich die Polster kupferfarben bis rötlich
Blüte Violette, zarte Blütenrispen im Juni/Juli
Pflege Bodennaher Rückschnitt im März empfehlenswert, verträgt keine Staunässe
Verwendung Ideal für trocken-heiße Standorte wie Kiesbeete, Steingärten, Dachbegrünungen, auch in Töpfen und Steintrögen sehr dekorativ

Blau-Schwingel
Festuca cinerea 'Elijah Blue'

Standort Vollsonnig, trocken, durchlässiger Boden
Wuchs Höhe 20 cm, Breite 30 cm, dichte, halbkugelförmige, immergrüne Polster
Blatt Sehr fein und nadelartig, intensiv stahlblau (das leuchtendste Blau aller Schwingel-Sorten)
Blüte Gelblich braune, feine Blütenstände von Mai bis Juli
Pflege Verblühte Blütenstände im Sommer herauszupfen, verträgt keine Staunässe
Verwendung Ideal für trocken-heiße Standorte wie Kiesbeete, Steingärten, Dachbegrünungen, auch in Töpfen und Steintrögen sehr dekorativ

Entscheidend für das Gedeihen dieser bodendeckenden Gräser ist der Standort: sonnig, warm und unbedingt ein magerer, durchlässiger Boden. Ideal für Stein-, Steppen- und Kiesgärten!

Bärenfell-Schwingel
Festuca gautieri

Standort Vollsonnig bis halbschattig, trocken, durchlässiger Boden
Wuchs Höhe 15 cm, Breite 35 cm, dichte, halbkugelförmige Polster
Blatt Frischgrün, nadelartig, immergrün
Blüte Gelbgrüne, feine Blütenrispen im Juni/Juli
Pflege Nicht zu dicht pflanzen, sonst bilden sich braune Stellen, verträgt keine Staunässe
Verwendung Dekorativer, frischgrüner Bodendecker für Steingärten, Heidegärten und Tröge
Sortentipp *Festuca gautieri* 'Pic Carlit' (Foto) wächst noch dichter und kompakter als die Art

Zwerg-Blau-Schwingel
Festuca valesiaca 'Zwergenkönig'

Standort Vollsonnig, trocken, durchlässiger Boden
Wuchs Höhe 10 cm, Breite 25 cm, dichte, halbkugelförmige Polster
Blatt Sehr fein und nadelartig, blaugrau, immergrün
Blüte Zarte, bläuliche Blütenrispen im Mai/Juni
Pflege Verblühte Blütenstände im Sommer herauszupfen, verträgt keine Staunässe
Verwendung Sehr dekoratives Miniaturgras mit schöner Farbwirkung für Steingärten, Dachbegrünungen, Töpfe und Steintröge, in Kombination mit Hauswurz und niedrigen Zwiebelblumen

JAPAN-BERGGRAS
UND *Blutgras*

Silberlaubiges Japan-Berg-gras, *Hakonechloa macra* 'Albostriata'

Standort Halbschattig, bei genügend Boden-feuchte auch sonnig, bevorzugt humose, gleich-mäßig feuchte Böden

Wuchs Höhe 30–40 cm, Breite 40 cm, dichte, bogig überhängende Horste

Blatt Elegantes, breites, bogig überhängendes Laub mit creme- und silbrig weißen Streifen

Blüte Unscheinbare Blütenrispen im Spätsommer

Pflege Rückschnitt im März, in rauen Lagen Winterschutz empfehlenswert

Verwendung Schön in Kombination mit Stauden, für asiatische Gärten, dekorative Kübelpflanze

Gelblaubiges Japan-Berg-gras, *Hakonechloa macra* 'Aureola'

Standort Halbschattig, bei genügend Boden-feuchte auch sonnig, bevorzugt humose, gleich-mäßig feuchte Böden

Wuchs Höhe 30–40 cm, Breite 40 cm, dichte, bogig überhängende Horste

Blatt Elegantes, breites, bogig überhängendes Laub mit leuchtend gelben Streifen, Austrieb und Herbstfärbung kupferrot

Blüte Unscheinbare Blütenrispen im Sommer

Pflege Rückschnitt im März, in rauen Lagen Winterschutz empfehlenswert

Verwendung Siehe Sorte 'Albostriata'

Hier kommt Farbe ins Spiel: Gräser mit silbrig weißen und leuchtend gelben Streifen, kühle, stahlblaue Töne oder warmes, leuchtendes Rot bieten vielfältige Gestaltungsmöglichkeiten.

Blaustrahlhafer
Helictotrichon sempervirens 'Saphirsprudel'

Standort Vollsonnig, trockene, durchlässige Böden, verträgt Trockenheit
Wuchs Höhe 100 cm, Breite 60 cm, lockere, filigrane Horste
Blatt Stahlblau, fein, leicht überhängend
Blüte Gelbliche, lockere Rispen, die auf langen Halmen weit über dem Blatthorst stehen
Pflege Rückschnitt im März
Verwendung Für Steppenpflanzungen, Stein- und Kiesgärten, schön in Kombination mit Lavendel, Katzenminze, Blauraute und Ziest

Japanisches Blutgras
Imperata cylindrica 'Red Baron'

Standort Sonnig, bevorzugt nährstoffreiche, gleichmäßig feuchte Gartenböden
Wuchs Höhe 30–40 cm, Breite 35 cm, lockere, aufrechte Wuchsform, verbreitet sich durch kurze Ausläufer (wird aber nicht lästig)
Blatt Frischgrün, aufrecht, leuchtend rote Blattspitzen ab Juni, spektakuläre scharlachrote Herbstfärbung ab Anfang September
Pflege Rückschnitt Ende März, treibt spät, in rauen Lagen Winterschutz ratsam
Verwendung Leuchtend roter Farbakzent in gemischten Beeten, dekorativ in Gefäßen

IMPOSANT IN BLATT UND BLÜTE *Chinaschilf*

Riesen-Chinaschilf
Miscanthus x *giganteus*

Standort Sonnig bis halbschattig, kommt mit jedem Boden zurecht
Wuchs Höhe 300–350 cm, Breite 150–200 cm, starkwüchsig, bildet Ausläufer, sehr standfest
Blatt Dunkelgrün, breit, bogig überhängend, gelbe Herbstfärbung
Pflege Rückschnitt im März, Einbau einer Rhizomsperre ratsam
Verwendung Robustes Solitärgras mit dominanter Wirkung, Struktur bildend, als Sichtschutz (ab Frühsommer), am Teichrand, für naturnahe Gärten und moderne Architektur

Chinaschilf 'Ferner Osten'
Miscanthus sinensis 'Ferner Osten'

Standort Sonnig, nährstoffreiche, gleichmäßig feuchte Böden
Wuchs Höhe 160 cm, Breite 100–120 cm, straff aufrecht, mit den Jahren breite Horste bildend
Blatt Dunkelgrün, relativ schmalblättrig, bogig überhängend, orangerote Herbstfärbung
Blüte Sehr attraktive, große Blütenstände ab August, im Aufblühen tiefrot, später silbrig rot
Pflege Rückschnitt im März, durch hohe Standfestigkeit auch im Winter attraktiv, robust
Verwendung Auffällige Strukturpflanze, als Sichtschutz, Kübelpflanze für Sommer und Herbst

Eine große Gruppe robuster, hoher Gräser mit vielfältigen Einsatzmöglichkeiten. Es gibt viele Sorten mit auffälligen, seidigen Blütenständen und spektakulärer Herbstfärbung.

Chinaschilf 'Gracillimus'
Miscanthus sinensis 'Gracillimus'

Standort Sonnig, nährstoffreiche, gleichmäßig feuchte Böden
Wuchs Höhe 150 cm, Breite 100–120 cm, straff aufrecht, mit den Jahren breite Horste bildend
Blatt Frischgrün, sehr feines, schmales Laub, bildet dichte, aufrechte Gräserhorste, Herbstfärbung bronzefarben
Pflege Rückschnitt im März, durch hohe Standfestigkeit auch im Winter attraktiv
Verwendung Dekorative Blattschmuck- und Strukturpflanze, für gemischte Staudenbeete, am Teichrand, als Sichtschutz (ab Frühsommer)

Chinaschilf 'Malepartus'
Miscanthus sinensis 'Malepartus'

Standort Sonnig, nährstoffreiche, gleichmäßig feuchte Böden
Wuchs Höhe 200 cm, Breite 120–150 cm, straff aufrecht, mit den Jahren breite Horste bildend
Blatt Dunkelgrün, relativ breitblättrig, bogig überhängend, orangerote Herbstfärbung
Blüte Sehr attraktive, große Blütenstände ab August mit silbrig roter Färbung
Pflege Rückschnitt im März, durch hohe Standfestigkeit auch im Winter attraktiv
Verwendung Auffällige Strukturpflanze, als Sichtschutz (ab Frühsommer), dekorative Kübelpflanze

Pfeifengras ZAUBER- HAFT IM HERBST

Riesen-Pfeifengras
Molinia arundinacea 'Karl Foerster'

Standort Sonnig bis leicht halbschattig, jeder normale Boden (relativ anspruchslos)
Wuchs Höhe 180–200 cm, Breite 120 cm, filigrane, bogig überhängende Gräserhorste
Blatt Frischgrün, goldgelbe Herbstfärbung
Blüte Filigrane Blütenstände, die an hohen Halmen weit über die Blätter hinausragen, ab August
Pflege Rückschnitt im März
Verwendung Solitärpflanze und Gerüstbildner mit grafischer Wirkung, für Teichränder, naturnahe Gärten, Kombinationen mit spätblühenden Stauden wie Fetthenne und Astern

Riesen-Pfeifengras
Molinia arundinacea 'Windspiel'

Standort Sonnig bis leicht halbschattig, jeder normale Boden (relativ anspruchslos)
Wuchs Höhe 200–220 cm, Breite 120 cm, filigran, bogig überhängend
Blatt Frischgrün, goldgelbe Herbstfärbung
Blüte Filigrane Blütenstände, die an hohen Halmen weit über die Blätter hinausragen, ab August
Pflege Rückschnitt im März
Verwendung Solitärpflanze und Gerüstbildner mit starker, grafischer Wirkung, ideal für Teichränder, naturnahe Gärten, Heidegärten, schön in Kombination mit spätblühenden Stauden

Pfeifengräser wachsen in Deutschland auch in der Natur – auf Wiesen, in Mooren und lichten Wäldern. Sie sind standfest und unkompliziert und zeigen eine schöne, goldgelbe Herbstfärbung.

Moor-Pfeifengras
Molinia caerulea 'Moorhexe'

Standort Sonnig bis halbschattig, feucht, humos
Wuchs Höhe 60–80 cm, Breite 30–40 cm, dichte, aufrechte Blatthorste
Blatt Dunkelgrün bis bläulich grün, schmal, goldgelbe Herbstfärbung
Blüte Schwarzbraune Blütenähren, die weit über das Laub hinausragen, ab August
Pflege Rückschnitt im März
Verwendung Für naturnahe Gärten, Gehölzrand, Heidegärten, in kleinen Gruppen oder als flächige Pflanzung, Kombinationen mit buntlaubigen Stauden wie Funkien und Purpurglöckchen

Weißbuntes Moor-Pfeifengras, *Molinia caerulea* 'Variegata'

Standort Sonnig bis halbschattig, feucht, humos
Wuchs Höhe 50–60 cm, Breite 30–40 cm, dichte, rundliche Wuchsform
Blatt Frischgrün mit cremeweißen Streifen, Austrieb sehr dekorativ, leicht bogig überhängend
Blüte Schwarzbraune Blütenähren, die weit über das Laub hinausragen, ab August
Pflege Rückschnitt im März
Verwendung Einzeln oder in kleinen Gruppen, am Gehölzrand, in Heidegärten, zur Aufhellung halbschattiger Gartenpartien, in gemischten Staudenpflanzungen, als Beeteinfassung

Rutenhirse DEKORATIVE SONNENANBETER

Blaugrüne Riesen-Ruten-hirse, Panicum virgatum 'Cloud Nine'

Standort Sonnig, liebt warme Gartenplätze mit durchlässigen Böden
Wuchs Höhe 180–200 cm, Breite 80–100 cm, aufrechter, trichterförmiger Wuchs, sehr standfest
Blatt Blaugrün, breitblättrig, gelbe Herbstfärbung
Blüte Blaugrüne, filigrane Blütenstände ab Juli, deutlich über dem Laub stehend
Pflege Rückschnitt im März
Verwendung Imposantes Solitärgras für naturnahe Pflanzungen, Kies- und Steppenbeete, Kombinationen mit Sommer- und Herbststauden, Lavendel, Blauraute, Astern, Sonnenbraut

Bläuliche Rutenhirse
Panicum virgatum 'Heavy Metal'

Standort Sonnig, liebt warme Gartenplätze mit durchlässigen Böden
Wuchs Höhe 80 cm, Breite 50–60 cm, straff aufrechter Wuchs
Blatt Metallisch blaugrün, schmal
Blüte Filigrane Blütenwolken auf dünnen Stielen ab Ende Juli, dicht über dem Laub stehend
Pflege Rückschnitt im März, später Blattaustrieb
Verwendung Wertvolle Strukturpflanze, das blaugrüne Laub passt gut zu formalen Gärten und moderner Architektur, in Reihen gepflanzt für Abgrenzungen und Einfassungen

Die sonnenliebenden Rutenhirsen zeichnen sich durch attraktive, schleierartige Blütenstände aus. Weitere Pluspunkte: Sorten mit blau-grauem oder rötlichem Laub, dekorative Herbstfärbung.

Aufrechte Riesen-Rutenhirse
Panicum virgatum 'Northwind'

Standort Sonnig, liebt warme Gartenplätze mit durchlässigen Böden
Wuchs Höhe 160–180 cm, Breite 60–80 cm, straff aufrechter Wuchs, sehr standfest
Blatt Blaugrün, leuchtend gelbe Herbstfärbung
Blüte Graugrüne Blütenstände ab Juli
Pflege Rückschnitt im März, extrem robust und trockenheitsverträglich
Verwendung Hervorragende Strukturpflanze, passt gut zu moderner Architektur und formalen Gärten, auch in gemischte Staudenpflanzungen, Kies- und Steppenbeete

Purpur-Rutenhirse
Panicum virgatum 'Shenandoah'

Standort Sonnig, liebt warme Gartenplätze mit durchlässigen Böden
Wuchs Höhe 80–100 cm, Breite 50–60 cm, locker aufrechter Wuchs
Blatt Schmal, elegant, leicht überhängend, spektakuläre bordeauxrote Farbe, zuerst nur in den Spitzen, später auf die ganze Pflanze übergehend
Blüte Rotbraune Blütenwolken ab Juli
Pflege Rückschnitt im März, später Austrieb
Verwendung Einzeln eingestreut in kleinen Gruppen oder flächig gepflanzt, schön in Kombination mit sommer- und herbstblühenden Stauden

Lampenputzergras LANGER BLÜTENZAUBER

Kleines Lampenputzergras
Pennisetum alopecuroides 'Hameln'

Standort Sonnig, durchlässige, mäßig trockene bis leicht feuchte Böden
Wuchs Höhe 50–60 cm, Breite 60–70 cm, dichte, halbkugelförmige Horste
Blatt Dunkelgrünes, schmales, bogig überhängendes Laub, goldgelbe Herbstfärbung
Blüte Gelbbraun ab Juli, reich und lange blühend
Pflege Rückschnitt im März
Verwendung Vielseitig verwendbar, einzeln oder in kleinen Gruppen in gemischten Staudenbeeten, als Rosenbegleiter, am Gehölzrand, in Heidegärten, sehr wirkungsvoll als flächige Pflanzung

Hohes Lampenputzergras
Pennisetum alopecuroides 'Japonicum'

Standort Sonnig, warm, geschützt, durchlässige, mäßig trockene bis leicht feuchte Böden
Wuchs Höhe 90–120 cm, Breite 80–90 cm, dichte, bogig überhängende Gräserhorste
Blatt Dunkelgrün, schmal, bogig überhängend
Blüte Große, rötlich braune Blütenwalzen mit deutlich abgesetzten weißen Spitzen, ab August
Pflege Rückschnitt im März, kommt nur an warmen, geschützten Plätzen gut zur Blüte, in rauen Lagen Winterschutz ratsam
Verwendung Auffälliges, hohes Gras für naturnahe Pflanzungen, Vasenschmuck

Lampenputzergräser erzielen mit ihren flauschigen Blütenständen eine spektakuläre Blühwirkung. Sie blühen lange und reich. Alle Sorten sind Sonnenkinder und lieben warme, geschützte Plätze.

Zwerg-Lampenputzergras
Pennisetum alopecuroides 'Little Bunny'

Standort Sonnig, durchlässige, mäßig trockene bis leicht feuchte Böden

Wuchs Höhe 20–30 cm, Breite 30 cm, dichte, halbkugelförmige Horste, sehr kompakt

Blatt Dunkelgrünes, schmales, bogig überhängendes Laub

Blüte Zierliche, gelbbraune Blütenwalzen ab August

Pflege Rückschnitt im März

Verwendung Auch für kleine Gärten gut geeignet, für Steingärten, gemischte Beete mit Stauden und niedrigen Rosen, schön in Töpfen und Steintrögen

Orient-Lampenputzergras
Pennisetum orientale

Standort Sonnige, warme, geschützte Plätze mit durchlässigen Böden

Wuchs Höhe 40–50 cm, Breite 40–50 cm, dichte, bogig überhängende Gräserhorste

Blatt Dunkelgrün, schmal

Blüte Elegante, rosafarbene Blütenstände ab Juli, später silbrig rosa, reich und lange blühend

Pflege Rückschnitt im März

Verwendung Einzeln oder in kleinen Gruppen in Kombination mit sommer- und herbstblühenden Stauden, auch als flächige Gräserpflanzung, für große Töpfe und Vasenschmuck

ELEGANT IM BEET *Federgras*

Haar-Federgras
Stipa capillata

Standort Vollsonnig und warm, liebt durchlässige, nährstoffarme Böden, trockenheitsverträglich
Wuchs Höhe 60–80 cm, Breite 30 cm, dichte, aufrechte Gräserhorste
Blatt Graugrün, sehr schmal, aufrecht
Blüte Blütenrispen mit langen, seidig schimmernden Grannen, weich bogig überhängend
Pflege Rückschnitt im März, Selbstaussaat
Verwendung Einzeln eingestreut oder in kleinen Gruppen für naturnahe Pflanzungen, Präriebeete, Steppen- und Kiesgärten, Kombinationen mit wärmeliebenden Stauden und Halbsträuchern

Silber-Ährengras
Stipa calamagrostis

Standort Sonnige, warme Lagen und durchlässige Böden, trockenheitsverträglich
Wuchs Höhe 60–80 cm, Breite 60–70 cm, dichte, bogig überhängende Gräserhorste, Foto 'Allgäu'
Blatt Dunkelgrün, schmal, bogig überhängend
Blüte Dekorative, silbrig weiße, überhängende Rispen im Juni, reich und lange blühend
Pflege Rückschnitt im März, robust und langlebig
Verwendung Einzeln eingestreut oder in kleinen Gruppen mit sommer- und herbstblühenden Stauden und Rosen, für Prärie-, Steppen- und Kiesbeete, in Pflanzgefäßen, Vasenschmuck

Der Inbegriff von Leichtigkeit und Eleganz – viele Federgräser (Stipa) bilden lange, silbrige Grannen, die sich sanft im Wind wiegen. Standort: vollsonnig mit mageren, trockenen, durchlässigen Böden.

Riesen-Federgras
Stipa gigantea

Standort Vollsonnig und warm, liebt durchlässige, nährstoffarme Böden, trockenheitsverträglich
Wuchs Höhe 180–200 cm, Breite 80–90 cm, transparent wirkende, lockere Gräserhorste
Blatt Blaugrün, schmal, bogig überhängend
Blüte Goldgelbe, filigrane Blütenrispen an langen Halmen im Juni
Pflege Rückschnitt im März
Verwendung Auffälliges, transparent wirkendes Solitärgras für naturnahe Pflanzungen, Kies- und Steppengärten, Kombinationen mit silberlaubigen Stauden wie Heiligenkraut, Katzenminze, Ziest

Zartes Federgras
Stipa tenuissima

Standort Vollsonnig und warm, liebt durchlässige, nährstoffarme Böden, trockenheitsverträglich
Wuchs Höhe 40–50 cm, Breite 30 cm, aufrechte, filigrane Gräserhorste
Blatt Frischgrün, haarfein, aufrecht
Blüte Lange, seidig schimmernde, haarfeine Blütengrannen ab Juni, im Austrieb silbrig weiß
Pflege Rückschnitt im März, Selbstaussaat, überzählige Sämlinge umpflanzen
Verwendung In kleinen oder größeren Gruppen für naturnahe Pflanzungen, schön in Kombination mit silberlaubigen Stauden

Schirmbambus IMMERGRÜN IM HALBSCHATTEN

Schirmbambus
Fargesia murielae 'Simba'

Standort Halbschattig bis schattig, frische bis feuchte, durchlässige Böden
Wuchs Höhe 200–250 cm, Breite 150–250 cm, dicht, buschig, bogig überhängend, horstig wachsend (keine Ausläuferbildung)
Blatt Schmal, hellgrün, 6–10 cm lang
Halm Grün, bis 1 cm Durchmesser, aufrecht, im oberen Teil bogig überhängend
Pflege Gute Wasserversorgung, im Frühjahr Kompost oder Langzeitdünger geben
Verwendung Auch für kleinere Gärten, als Sichtschutz, für Gefäße, eher für schattige Lagen

Schirmbambus
Fargesia murielae 'Standing Stone'

Standort Sonnig bis halbschattig, frische bis feuchte, durchlässige Böden
Wuchs Höhe 300–400 cm, Breite 200–300 cm, aufrecht, dicht und horstig wachsend
Blatt Frischgrün, schmal, zugespitzt, bis 12 cm
Halm Kräftig, aufrecht, grün, 1–1,5 cm Durchmesser, dekorative, weiße Wachsablagerungen an den frisch ausgetriebenen Halmen
Pflege Gute Wasserversorgung, im Frühjahr Kompost oder Langzeitdünger geben
Verwendung Sichtschutz, Sitzplätze, Teichrand, asiatische Gärten, große Gefäße

Diese Sorten bilden dichte Horste,
sind immer grün, robust und frost-
hart. Keine Rhizomsperre notwendig!

FROSTHARTER BAMBUS Eine Übersicht mit frostverträglichen Bambus-Arten für den Garten finden Sie hier oder unter
www.m.kosmos.de/14247/t9

Schirmbambus
Fargesia nitida 'Jiuzhaigou'

Standort Sonnig bis leicht halbschattig, frische bis feuchte, durchlässige Böden
Wuchs Höhe 300–400 cm, Breite 200–300 cm, aufrecht, dicht und horstig wachsend (keine Ausläuferbildung)
Blatt Blaugrün, klein, sehr dicht
Halm Zierlich aufrecht, bis 1 cm Durchmesser, im Austrieb grün, später gelblich bis rötlich
Pflege Gute Wasserversorgung, im Frühjahr Kompost oder Langzeitdünger geben
Verwendung Zierlicher, dichter Bambus, für kleinere Gärten, guter Sichtschutz, für große Gefäße

Schirmbambus
Fargesia scabrida 'Asian Wonder'

Standort Sonnig bis halbschattig, frische bis feuchte, durchlässige Böden
Wuchs Höhe 200–250 cm, Breite 150–200 cm, aufrecht, dicht und horstig wachsend
Blatt Blaugrün, schmal, dicht, früher Austrieb
Halm Bis 1 cm Durchmesser, im Austrieb purpurrot, später olivgrün bis braungrün
Pflege Gute Wasserversorgung, im Frühjahr Kompost oder Langzeitdünger geben
Verwendung Zierlicher, dichter Bambus, für kleinere Gärten, als Sichtschutz, Teichrand, Asia-Gärten, Gefäße

Flachrohr-Bambus MIT
SCHMUCKEN HALMEN

Gelber Flachrohr-Bambus
Phyllostachys aureosulcata 'Spectabilis'

Standort Sonnig bis halbschattig, frische bis feuchte, durchlässige Böden
Wuchs Höhe 400–700 cm, dicht buschig, aufrecht, bildet Ausläufer
Blatt Mittelgrün, schmal, leicht glänzend
Halm Leuchtend gelb, unter Sonneneinwirkung rötlich, an der Basis oft zickzackförmig gebogen, Durchmesser 2,5–4 cm
Pflege Gute Wasserversorgung, im Frühjahr düngen, Rhizomsperre ratsam
Verwendung Sichtschutz, asiatische Gärten, zu moderner Architektur, große Gefäße

Grüner Flachrohr-Bambus
Phyllostachys bissetii

Standort Sonnig bis halbschattig, frische bis feuchte, durchlässige Böden
Wuchs Höhe 350–600 cm, dicht buschig, aufrecht, oben elegant bogig überhängend, bis zum Boden belaubt, bildet Ausläufer
Blatt Frischgrün, glänzend, schmal, dicht
Halm Dunkelgrün bis olivgrün, Durchmesser 2–3 cm
Pflege Gute Wasserversorgung, im Frühjahr düngen, Rhizomsperre ratsam
Verwendung Sichtschutz, asiatische Gärten, Teichrand, zu moderner Architektur, große Gefäße

Hoher Schmuckwert durch dicke, sehr dekorative Halme. Wuchshöhen zwischen 300 und 900 cm. Vielseitige Verwendungsmöglichkeiten. Starke Ausläuferbildung, daher Rhizomsperre empfehlenswert.

Schwarzer Flachrohr-Bambus, *P. nigra* 'Punctata'

Standort Sonnig bis halbschattig, geschützt, frische bis feuchte, durchlässige Böden
Wuchs Höhe 300–500 cm, locker aufrecht, bis zum Boden belaubt, schwach ausläuferbildend
Blatt Dunkelgrün, glänzend, schmal und fein
Halm Nach dem Austrieb olivgrün, im 2. Jahr schwarz gefleckt, ab dem 3. Jahr durchgehend schwarz gefärbt, Durchmesser 2–3 cm
Pflege Gute Wasserversorgung, im Frühjahr düngen, Rhizomsperre nicht unbedingt erforderlich
Verwendung Sichtschutz, asiatische Gärten, Teichrand, sehr edel in großen Gefäßen

Riesen-Flachrohr-Bambus
Phyllostachys vivax

Standort Sonnig bis halbschattig, frische bis feuchte, durchlässige Böden
Wuchs Höhe 600–900 cm, sehr starkwüchsig, bildet Ausläufer, Rhizomsperre ratsam
Blatt Frischgrün, 10–15 cm lang
Halm Glänzend dunkelgrün, Durchmesser 5–6 cm, sehr dekorativ
Pflege Gute Wasserversorgung, im Frühjahr Kompost oder Langzeitdünger geben
Verwendung Solitärpflanze für große Gärten, Platzbedarf beachten, für Sichtschutz, zu moderner Architektur, junge Triebe essbar (Bambussprossen)

Zwergbambus
IMMERGRÜNE BODENDECKER

Zwergbambus
Pleioblastus pumilus

Standort Sonnig bis schattig, feuchte bis mäßig trockene Böden, anspruchslos und robust
Wuchs Höhe 40–70 cm, sehr dicht und bodendeckend, starke Ausläuferbildung
Blatt Blaugrün, schmal, zugespitzt, 8–15 cm lang
Halm Grün, rötlich überlaufend, dünn
Pflege Bei starken Laubschäden ist kompletter Rückschnitt im März/April möglich, regeneriert sich schnell, regelmäßig gießen, im Frühjahr düngen, Rhizomsperre ratsam
Verwendung Großflächig einsetzbar als Rasenersatz, schön für asiatische Gärten und Gefäße

Zwergbambus
Pleioblastus pygmaeus

Standort Sonnig bis schattig, feuchte bis mäßig trockene, durchlässige Böden
Wuchs Höhe 20–40 cm, sehr kompakt, dicht und bodendeckend, starke Ausläuferbildung, robust
Blatt Frischgrün, schmal und fein, 4–6 cm lang
Halm Graugrün, dünn, dichte Bestände
Pflege Bei starken Laubschäden kompletter Rückschnitt (oder Abmähen) im März/April möglich, regeneriert sich schnell, regelmäßig gießen, im Frühjahr düngen, Rhizomsperre ratsam
Verwendung Als Rasenersatz, für Asia-Gärten, Gefäße

Alle Sorten des Zwergbambus wachsen dicht und bodendeckend bis 150 cm hoch. Es gibt schöne Varietäten mit weiß gestreiften Blättern. Rhizomsperre ratsam, da starker Ausbreitungsdrang.

Weißbunter Zwergbambus
Pleioblastus shibuyanus 'Tsuboi'

Standort Sonnig bis halbschattig, nährstoffreiche, frische bis feuchte Böden
Wuchs Höhe 100–150 cm, dicht, buschig und aufrecht, bildet Ausläufer, Rhizomsperre ratsam
Blatt Frischgrün und cremeweiß gestreift, sehr attraktiv, großlaubig, besonders schön im Austrieb
Halm Grün, relativ feintriebig, dicht stehend
Pflege Gute Wasserversorgung, im Frühjahr Kompost oder Langzeitdünger geben
Verwendung Dekorativer Solitärbambus zur Aufhellung halbschattiger Gartenpartien, für Sichtschutz, kompakte Hecken, Asia-Gärten, Gefäße

Weißbunter Zwergbambus
Pleioblastus variegatus

Standort Sonnig bis schattig, frische bis feuchte, durchlässige Böden
Wuchs Höhe 40–70 cm, sehr dicht wachsend, starke Ausläuferbildung
Blatt Silbrig grün mit weißen Streifen, bis 15 cm lang, sehr dekorativ
Halm Graugrün, dünn, 3–4 mm Durchmesser
Pflege Bei starken Laubschäden ist kompletter Rückschnitt im März/April möglich, regelmäßig gießen, im Frühjahr düngen, Rhizomsperre
Verwendung Robuste Flächenpflanze, zur Aufhellung schattiger Plätze, Asia-Gärten, Pflanzgefäße

PSEUDOSASA UND
SASA *Bambus*

Fächer-Bambus
Pseudosasa japonica

Standort Halbschattig bis schattig, bei ausreichender Wasserversorgung auch sonnig, frische bis feuchte, nährstoffreiche Gartenböden
Wuchs Höhe 300–400 cm, dicht, buschig, aufrecht, ausläuferbildend, Rhizomsperre ratsam
Blatt Dunkelgrün, glänzend, sehr großlaubig, bis 25 cm lang
Halm Dunkelgrün, aufrecht, dünntriebig
Pflege Robust und ausdauernd, sehr schattenverträglich, gute Wasserversorgung
Verwendung Auffällige Solitärpflanze für dichten Sichtschutz, mittelhohe Hecken, große Gefäße

Palmblatt-Bambus
Sasa palmata

Standort Sonnig bis schattig, frische bis feuchte, nährstoffreiche Gartenböden
Wuchs Höhe 200–300 cm, dicht, buschig aufrecht, ausläuferbildend, Rhizomsperre ratsam
Blatt Dunkelgrün, auffällig groß (bis 30 cm lang) und attraktiv mit deutlicher Mittelrippe, schöne, gleichmäßige Anordnung der Blätter
Halm Dunkelgrün, aufrecht, dünntriebig
Pflege Robust und ausdauernd, sehr schattenverträglich, gute Wasserversorgung
Verwendung Solitärpflanze, für Sichtschutz, Hecken, große Gefäße

Zeichnen sich durch auffällig große, dunkelgrüne Blätter aus.
Sind deutlich schattenverträglicher als andere Bambus-Gattungen.
Rhizomsperre ratsam, da Ausläuferbildung.

Breitblatt-Bambus

Sasa tsuboiana

Standort Sonnig bis schattig, frische bis feuchte, nährstoffreiche Gartenböden
Wuchs Höhe 80–150 cm, dicht, buschig aufrecht, ausläuferbildend, Rhizomsperre ratsam
Blatt Dunkelgrün, großlaubig, sehr dicht stehend
Halm Dunkelgrün, aufrecht, dünntriebig
Pflege Robust und ausdauernd, sehr schattenverträglich, gute Wasserversorgung
Verwendung Dekorativer Flächendecker, gedeiht auch unter Bäumen bei Wurzeldruck, sehr variabel bezüglich der Lichtverhältnisse, für niedrige Hecken und Einfassungen, schön in Gefäßen

Silberrand-Bambus

Sasa veitchii

Standort Sonnig bis schattig, sehr variabel, frischer bis feuchter, nährstoffreicher Gartenboden
Wuchs Höhe 50–100 cm, dicht, buschig aufrecht, ausläuferbildend, Rhizomsperre ratsam
Blatt Dunkelgrün, glänzend, großlaubig, im Winter mit cremeweißem Rand, sehr attraktiv
Halm Grün, aufrecht, dicht stehend
Pflege Robust und ausdauernd, schattenverträglich, gute Wasserversorgung
Verwendung Dekorativer Flächendecker, gedeiht auch unter Bäumen, für niedrige Hecken und Einfassungen, dekorativ in Gefäßen

Nützliche Adressen

BambusCentrum Deutschland
Wolfgang F. Eberts KG
Saarstr. 3–5
76532 Baden-Baden
www.bambus.de

Staudengärtnerei Gaißmayer
Jungviehweide 3
89257 Illertissen
Tel.: (0 73 03) 72 58
E-Mail: info@staudengaissmayer.de
www.staudengaissmayer.de

Die Autorin

Gabriele Richter entdeckte schon als Kind ihre Leidenschaft für grüne Lebewesen in Topf und Garten. Nach ihrem Studium der Gartenbauwissenschaften konnte sie sich in verschiedenen Gartenbaubetrieben tiefer in  die Pflanzenwelt verwurzeln. Dabei stehen neben den Gehölzen stets auch die Gräser und Stauden im Mittelpunkt ihres Interesses.

Register

Die **hervorgehobenen** Seitenzahlen verweisen auf Abbildungen.

Akelei **22**
Asiatischer Garten 28 f., **28 f.**
Aster **31**
Ausläuferbildung 19, 21

Balkon 16
Bambus 12, **12**, 18 ff., **18**, 23, 28, 40 f., **40 f.,** 42, 74 f., **74 f.**
– Breitblatt- 20, 75, **75**
– Fächer- 74, **74**
– Flachrohr- 12, 21, 28, 70 f., **70 f.**
– Hecke 41
– Palmblatt- 74, **74**
– Schirm- 12, 20 f., 28, 68 f., **68 f.**
– Silberrand- 75, **75**
– Winter- 12
– Zwerg- 18 f., 23, **28**, 29, 72 f., **72 f.**
– Zwerg-, Weißbunter 73, **73**

Bärenfell-Schwingel 29, 55, **55**
Beet, Prärie- 24 f., **24**
Beetstaudenähnliche Gräser 36 f.
Begleitgräser 10
Bepflanzung, flächige 13
Berggras, Japan- 17 f., **18**, 23, **23, 28,** 29, 56 f., **56 f.,**
Binsengewächse 9
Blau-Schwingel 13, **14, 16,** 17, **26,** 27, 54, **54**
Blaustrahlhafer 14, 57, **57**
Blumenbeet **9**
Blumenkästen 17
Blutgras **10**, 13, **13**, 16, **17**, 31, 56 f., **56 f.**
Boden 10, 25 f., 36, 40 f.
Bodendecker 18 f., **18**
Bouteloua gracilis 27
Breitblatt-Bambus 20, 75, **75**
Buntlaubige Gräser **22**

Calamagrostis brachytricha 11, 51, **51**

Calamagrostis x *acutiflora* 'Karl Foerster' 13, 18, 50, **50**
Calamagrostis x *acutiflora* 'Overdam' 50, **50**
Carex **11,** 13, 17, 19
Carex elata 'Aurea' 23
Carex morrowii var. *foliosissima* 'Silver Sceptre' 23, 52, **52**
Carex morrowii 'Variegata' 23, 29, 52, **52**
Carex muskingumensis 'Little Midge' 53, **53**
Carex oshimensis 'Evergold' 15, 17, 23, 29, 53, **53**
Carex pendula 23
Chinaschilf 11, 15, **15**, 19, 21, 25, 30 f., 58 f., **58 f.**
Cortaderia selloana 51, **51**

Deschampsia 23, 30
Diamant-Reitgras 11, 51, **51**
Drainage **43**
Dünger 37, 41

Einjährige Gräser 11

Fackellilie 25
Farbenvielfalt 14
Farbfläche 13
Farbgestaltung 23
Farbige Gefäße 16
Fargesia 12, 20
– *murielae* 'Simba' 68, **68**
– *murielae* 'Standing Stone' 12, 29, 68, **68**
– *nitida* 'Jiuzhaigou' 12, 69, **69**
– *scabrida* 'Asian Wonder' 28 f., 69, **69**
Federgras 11, 13, 15, 17, 25, 30, **30,** 66 f., **66 f.**
Festuca 17, **26**
– *amethystina* 54, **54**
– *calesiaca* 'Zwergenkönig' 55, **55**
– *cinerea* 'Elijah Blue' 54, **54**
– *gautieri* 29, 55, **55**
– *valesiaca* 'Zwergenkönig' 27
Flachrohr-Bambus 12, 21, 28, 70 f., **70 f.**

– Gestreifter 70, **70**
Formale Gärten 12
Funkien 22, **22**

Gärten, asiatische 28 f., **28 f.**
– formale 12
– kleine 21
Gartengestaltung 9
Garten-Reitgras 13, 15, 18 f., 25, 50, **50**
Gefäße 13, 16 f.
Gelblaubige Gräser **23**
Gelblaubiges Japan-Berggras **13,** 56, **56**
Gießen 17, 42 f.
Glockenblume **26**
Gräser 21
– Beetstaudenähnliche 36 f.
– Begleiter 10 f.
– Blüte 9, 15
– buntlaubige **22**
– einjährige 11
– gelblaubige **23**
– Halbschatten- 37
– mehrjährige 13
– Sauer- 8
– Schatten- 37
– Solitär- 18 f., 37, **38**
– Stauden- 13, 36
– Steingarten- 17, 37
– Steppen- 37
– Süß- 8
– Teppich 13, 19
– Zier- 8
Grasnelke **26**

Hakonechloa 15, **16,** 17, 23, 29, 56, **56**
Halbschatten 12, 15, 19, 22 f., **22,** 36
Halbschattengräser 37
Hecke 41
Helictotrichon sempervirens 'Saphirsprudel' 14, 57, **57**
Herbstfärbung 11, 15 f., 21, 23, 25, 30
Hosta 22, **22**

Immergrün 19 ff.
Imperata cylindrica 'Red Baron' 15 f., 31, 57, **57**
Insektenhotel 44 f., **44 f.**

Japan-Berggras 15, 17 f., **18,** 23, **23,** **28,** 56 f., **56 f.**
Japan-Gold-Segge 17, 29, **31,** 53, **53**
Japanisches Blutgras 14 f., **15,** 57, **57**
Japan-Segge 29

Kleine Gärten 19, 21
Kniphofia **25**
Kompost 10, 25
Kübel 16 f., **16,** 27

Lampenputzergras 11, **11,** 13, 15, 18, 25, 27, 64 f., **64 f.**

Mähnen-Gerste 11
Minigarten 27
Miscanthus sinens 11, 15, 21, **58 f.,** 59 f.
Miscanthus x *giganteus* 58, **58**
Molinia arundinacea 30, 60, **60**
Molinia caerulea 61, **61**
Moskitogras 27

Nährstoffbedarf 41, 43

Pampasgras 15, 19, **25,** 30, 51 f., **51 f.**
Panicum virgatum 11, 13, 25, 62 f., **62 f.**
Pennisetum 11, 13, 16, 27, 64 f., **64 f.**
Pfeifengras 30, 60 f., **60 f.**
Pflanzen, einkeimblättrige 8
Pflanzgefäß **43**
Pflanzung 40, 36 f., **36**
Pflege 24 f.
Phyllostachys 12, 17, **20,** 21, 28, 70 f., **70 f.**
Pleioblastus 19, 23, 29, 72 f., **72 f.**
Präriegarten 24 f., **24**
Prärie-Gras 25, 30

Präriestauden 25
Pseudosasa 20
Pseudosasa japonica 74, **74**
Purpurglöckchen **10, 15**
Purpur-Rutenhirse 13, 63, **63**

Rabatten 10
Reitgras 11, 13, 15, 18 f., 25, 50 f., **50 f.**
Rhizomsperre 19, 21, **40**
Riesen-Chinaschilf 58, **58**
Rückschnitt 11, 21, 38
Rudbeckia hirta 11
Rutenhirse 11, 13, 15, 19, 25, 62 f., **62 f.**

Sasa 20
-*palmata* 74, **74**
-*tsuboiana* 75, **75**
-*veitchii* 75, **75**
Sauergräser 8
Schatten 15, 17, 19 f., 22 f., **22 f.,** 36
Schirmbambus 12, 20, 28, 68 f., **68 f.**
Schmiele 23, 30
Schwingel, Bärenfell- 29, 55, **55**
Schwingel, Blau- 13, 16, 54, **54**
Schwingel, Regenbogen- 54, **54**
Sedum **26, 31**
Segge 13, 15, 19, 23, **23,** 29, 52 f., **52 f.**
Sichtschutz 12 f., 19 f., **20 f.**
Silber-Ährengras 15, 66, **66**
Silberlaubiges Japan-Berggras 56, **56**
Silberrand-Bambus 75, **75**
Sitzplatz 21
Solitärgräser 18 f., 37, **38**
Sommerbeet 25
Sommerblumen 10 f., 30
Sommerstrauß 10
Sonnenauge 11
Sonnenhut 11
Sortenauswahl 25
Sporobolus heterolepis 25, 30
Standort 10, 40 f.

Standort, halbschattig 12, 19, 22 f., **22, 36**
Stauden 10, 15, 25
Staudenbeet **11,** 15, 19, **31**
Staudengräser 13, 36
Steingarten 26 f., **26 f.**
Steingartengräser 17, 36 f.
Steingutgefäß 16, **16**
Steintrog 27
Steppengräser 17, 36 f.
Stipa 11, 13, 17, 25, 30, **30,** 66 f., **66 f.**
Substrat 43
Süßgräser 8, **8**

Teilung 38, **38**
Terrasse 16, 20 f., **21**
Topf 16 f., **17**
Topfgarten 16, 42 f., **42 f.**
Topfgras 17
Trockenheit 17

Verjüngung 38
Vermehrung 38 f., **38 f.**
Vorgarten **12**

Waldgras 23
Wasserversorgung 17, 38, 41
Weißbunte Japan-Segge 52, **52**
Weißbunter Zwergbambus 73, **73**
Weißbuntes Moor-Pfeifengras 61, **61**
Winter 21, 31
Winterschutz 37, 41, **42,** 43
Wuchsform 9, 18
Wurzelballen **37**
Wurzelsperre 41

Zwergbambus 18 f., 23, **28,** 29, 72 f., **72 f.**
Zwerg-Blau-Schwingel 55, **55**
Zwerg-Lampenputzergras 65, **65**
Zwerg-Palmwedel-Segge 53, **53**
Zwiebelblumen 17, 27, 31

Bildnachweis

Mit 121 Farbfotos von:

Bambus-Informationszentrum, Lehrte-Steinwedel: 69 li, 70 re, 71 beide, 72 re, 73 li, 74 beide, 75 re; **Ursel Borstell,** Essen: 21; **Botanikfoto/Hans-Roland-Müller,** Berlin: 73 re; **Botanikfoto/Steffen Hauser:** 14, 67 re; **Flora Press,** Hamburg, BIOSPHOTO/B & G Médias: 43 re; **Flora Press/BIOSPHOTO/NouN:** 35 li; **Flora Press/FocusOnGarden/Luckner:** Umschlaginnenseite; **Flora Press/MAP:** 34 li, 36, 37 beide; **Flora Press/Melli Freudenberg:** 44 beide, 45 beide; **Flora Press/Nova Photo Graphik:** 2, 4; **Flora Press/Royal Horticultural Society:** 18 li; **Flora Press/Visions:** 28, 48 u; **GAP Photos/Jonathan Buckley:** 25; **GAP Photos/Frederic Didillon:** 13 Mi; **GAP Photos/Heather Edwards:** 11 li; **GAP Photos/Clive Nichols:** 22; **GAP Photos/Graham Strong:** 27; **Gartenschatz GmbH,** Stuttgart: 48 o, 72 li; **Staudengärtnerei Gaißmayer,** Illertissen: 50 beide, 51 beide, 52 beide, 53 beide, 54 beide, 55 beide, 56 beide, 57 beide, 58 beide, 59 beide, 60 li, 61 beide, 62 beide, 63 beide, 64 beide, 65 beide, 66 beide, 67 li, 68 beide, 69 re; **GBA,** Au-Hallertau, NouN: 41; **GBA/Staffler:** 12, 15 re; **Mauritius Images/Garden World Images:** 32; **Mauritius Images/United Archive:** 18 re; **Reinhard-Tierfoto/Hans Reinhard,** Heiligkreuzsteinach-Eiterbach: 13 u, 19, 24 re, 26 li, 31 u, 38; **Reinhard-Tierfoto/Nils Reinhard,** Heiligkreuzsteinach-Eiterbach: 40 beide; **Gabriele Richter,** Oldenburg: 20, 29 beide, 35 re, 60 re, 70 li; **Shutterstock/Napat:** 7 o; **Shutterstock/smuay:** 49; **Martin Staffler,** Stuttgart: 23 beide; **Friedrich Strauß,** Au-Hallertau: 9, 10, 15 li, 16 li, 26 re, 34 re, 39 beide, 42, 43 li, 75 li; **The Garden Collection/Liz Eddison:** 7 u, 30; **The Garten Collection/Andrew Lawson:** 17; **The Garden Collection/Nicola Stocken Tomkins:** 6, 13 o, 16 re, 24 li; **The Garden Collection:** 3 li, 6, 7, 31 o; **Annette Timmermann,** Kalübbe: 3 re, 11 re, 46;

Mit 1 Illustration von:
Roland Spohn, Engen: 8

Impressum

Umschlaggestaltung von Gramisci Editorialdesign, München unter Verwendung eines Farbfotos von GAP Photos/Richard Bloom (Umschlagvorderseite, *Hakonechloa macra* 'Alboaurea') und eines Farbfotos von Shutterstock/Vitaliy Berkovych (Umschlagrückseite, *Pennisetum*).
Mit 124 Farbfotos.

Alle Angaben in diesem Buch sind sorgfältig geprüft und geben den neuesten Wissensstand bei der Veröffentlichung wieder. Da sich das Wissen aber laufend in rascher Folge weiterentwickelt und vergrößert, muss jeder Anwender prüfen, ob die Angaben nicht durch neuere Erkenntnisse überholt sind. Dazu muss er zum Beispiel Beipackzettel zu Dünge-, Pflanzenschutz- bzw. Pflanzenpflegemitteln lesen und genau befolgen sowie Gebrauchsanweisungen und Gesetze beachten. Die Blütenfarben sind sortenabhängig, daher können auch Farben auf dem Markt sein, die im Buch nicht genannt werden. Die Blütezeiten sind ebenfalls sortenabhängig, aber auch klima- und standortabhängig. Die angegebenen Wuchshöhen und -breiten der Pflanzen sind Mittelwerte. Sie können je nach Nährstoffgehalt des Bodens variieren. Verschiedene Sorten können deutlich größer oder auch kleiner wachsen als die Art.

Es wird empfohlen, für die Online-Zusatzangebote WLAN zu verwenden. Das mobile Surfen ohne WLAN kann dazu führen, dass zusätzliche Kosten für die Datennutzung bei Ihrem Mobilfunkanbieter entstehen.

Unser gesamtes lieferbares Programm und viele weitere Informationen zu unseren Büchern, Spielen, Experimentierkästen, DVDs, Autoren und Aktivitäten finden Sie unter **kosmos.de**

Gedruckt auf chlorfrei gebleichtem Papier

© 2014, Franckh-Kosmos Verlags-GmbH & Co. KG, Stuttgart.
Alle Rechte vorbehalten
ISBN 978-3-440-14247-9
Projektleitung: Birgit Grimm
Redaktion und Bildredaktion: Birgit Grimm
Gestaltungskonzept: Gramisci Editorialdesign, München
Gestaltung und Satz: DOPPELPUNKT, Stuttgart
Produktion: Eva Schmidt
Printed in Italy / Imprimé en Italie

FSC
www.fsc.org
MIX
Papier aus verantwortungsvollen Quellen
FSC® C023164

Gräßlich – ein Garten ohne Gräser!

Unser umfangreiches Gräsersortiment macht jeden Garten hübsch.

Staudengärtnerei Gaißmayer GmbH & Co. KG
Jungviehweide 3 | 89257 Illertissen | 07303-7258

www.**staudengaissmayer**.de